Nelson López Rojas

H_2O

Poesía * Poetry

Aguacero ~ Downpour
Carga d'água ~ Acquazzone

64 poemas

para leer bajo la lluvia
to be read under the rain
para ler debaixo de chuva
da leggere sotto la pioggia

Nueva York, 2017

Title: H$_2$O: Aguacero-Downpour-Carga d'água-Acquazzone

ISBN-10: 1-940075-49-1
ISBN-13: 978-1-940075-49-5

Design: © Ana Paola González
Cover & Image: © Jhon Aguasaco
Author's photo by: © Kevin Garay
Editor in chief: Carlos Aguasaco
E-mail: carlos@artepoetica.com
Mail: 38-38 215 Place, Bayside, NY 11361, USA.

© H$_2$O: Aguacero-Downpour-Carga d'água-Acquazzone, Nelson López Rojas.
© Traduzione: Ester Filantropia (Italian)
© Translation: Jason Meyler (English)
© Tradução: Raquel Amorese (Portuguese)
© H$_2$O: Aguacero-Downpour-Carga d'água-Acquazzone, 2017 for this edition ArtepoéticaPress.

All rights reserved. No part of this publication may be reproduced, distributed, or transmitted in any form or by any means, including photocopying, recording, or other electronic or mechanical methods, without the prior written permission of the publisher, except in the case of brief quotations embodied in critical reviews and other noncommercial uses permitted by copyright law. For permission requests, write to the publisher, addressed "Attention: Permissions Coordinator," at the address below: 38-38 215 Place, Bayside, NY 11361, USA

Todos los derechos reservados. Esta publicación no puede ser reproducida, ni en todo ni en parte, ni registrada en o transmitida por un sistema de recuperación de información, en ninguna forma ni por ningún medio, sea mecánico, fotoquímico, electrónico, magnético, electroóptico, por fotocopia, o cualquier otro, sin el permiso previo por escrito de la editorial, excepto en casos de citación breve en reseñas críticas y otros usos no comerciales permitidos por la ley de derechos de autor. Para solicitar permiso, escríbale al editor a: 38-38 215 Place, Bayside, NY 11361, USA.

Si he de vivir que sea sin timón y en el delirio.
If I am to live, may this be done adrift and in delirium.
Se vou viver que seja sem rumo e no delírio.
Se devo vivere, che sia senza timone e nel delirio.
Mario Santiago.

La amistad es agua que fluye dadivosa.
Dinorah Cortés Vélez

Correctores de estilo

En español:
Jorge Haguilar, Poeta y catedrático de la Universidad de El Salvador.
Antonio Cano Ginés, Profesor de la Universidad de la Laguna, Tenerife.

Em portugués:
José Guimaraes L. Neto
Universidade Federal do Ceará
Flávio Rodrigues de Lima

In English:
Ashley Bednarek
International School, Trinidad and Tobago.

In Italiano:
Margoth Beatriz López Barriere
Artista in Milano.

A mis hijas A & A.
Por darme ese aliento sincero en este aguacero de vida.

Traduzione: Ester Filantropia was born in the province of Salerno, in the South of Italy. She has always loved foreign languages and at her 18 Ester moved to Rome to study "Cultural and Linguistic Mediation", Spanish and English languages, at the University of Roma "La Sapienza". After the first graduation she joined the faculty of "Sciences of translation," at the same University, deepening the Spanish culture and language. She won a scholarship to study 5 months in Spain, at the University of Zaragoza. After her second graduation she began to attend a Master's in "Organization and Development of Human Resources, in the International Area". Ester now lives in Ascoli Piceno where she continues to work in collaborations like this multilingual poetry collection. She works at a private language school, teaching english to little children.

Translation: Jason Meyler is an assistant professor of Spanish in the World Languages Department at Mount Mary University in Milwaukee, Wisconsin. He specializes in US Latin@ and Latin American culture with a passion for engaging students through service learning. His peripatetic research has taken him from the musical stylings of the Mexican Elvis to visual remembrances of Salvadoran martyrs, and from the Nuyorican barrios to the dreamscapes of post-Columbian codices. This is his first formal endeavor in poetic translation.

Tradução: Raquel Amorese, originally from Brazil, is an Assistant Professor of Instruction in the Department of Spanish and Portuguese at Northwestern University where she coordinates the Portuguese Language Program and teaches Spanish and Portuguese. She received a M.A. in Portuguese Language and Literature from the Pontifícia Universidade Católica do Paraná, Brazil and a M.A. in Spanish Literature and Linguistics from Baylor University. She also pursued graduate studies towards a PhD in Spanish and Portuguese at Vanderbilt University. Raquel's research interests are in Second Language Acquisition, and Latin American literature of the twentieth century.

CONTENTS

Fugitivo	15	Llueve sobre mojado II	43
Fugitive	15	It Rains on the Drenched II	44
Fugitivo	16	Chove sobre o molhado II	45
Fuggitivo	17	Piove sul bagnato II	45
Generación	18	Revolcón de amor	47
Generation	18	Rumble of love	47
Geração	19	Reviravolta de amor	48
Generazione	20	Batosta d'amore	49
Cadejo: una autobiografía	21	Deidad	51
Cadejo: An Autobiography	22	Deity	52
Boitatá: uma autobiografia	23	Divindade	53
Cadejo: un'autobiografia	24	Divinità	55
Unicornio	25	Amanecer con un gato gris	57
Unicorn	25	Waking with a grey cat	58
Unicórnio	26	Amanhecer com um gato cinza	59
Unicorno	27	Albeggiare con un gatto grigio	60
Llueve sobre mojado	28	Balada del amigo perfecto	61
It Rains on the Drenched	29	Ballad of the Perfect Friend	62
Chove sobre o molhado	30	Canção do amigo perfeito	63
Piove sul bagnato	31	Ballata dell'amico perfetto	64
Tierra a la vista	32	Omens	65
Land in sight	32	Omens	65
Marinheiro	34	Presságios	66
Terra in vista	34	Omens	67
Te prometo	36	Escuela Pública # 666	68
I promise	36	Public School # 666	69
Te prometo	37	Escola Pública # 666	70
Ti prometto	38	Scuola pubblica # 666	71
Epigrama	40	Me voy pa'l norte	72
Epigram	40	I'm Headin' North	73
Epigrama	41	A caminho do norte	74
Epigramma	42	Me ne vado verso il nord	75

Paper or plastic?	76	Armonía	108
Paper or plastic?	76	Harmony	109
Paper or plastic?	77	Harmonia	110
Paper or plastic?	78	Armonia	111
Cenicienta	79	Porvenir	112
Cinderella	79	Future	113
Cinderela	80	O porvir	114
Cenerentola	81	Avvenire	115
País de la ausencia, extraño país	82	XLIII	117
Country of Absence, Strange Country	83	XLIII	118
País da ausência, estranho país	84	XLIII	120
Paese dell'assenza, paese estraneo	85	XLIII	121
Mis mujeres	87	Tolerancia	123
My Women	88	Tolerance	124
Minhas mulheres	89	Tolerância	125
Le mie donne	90	Tolleranza	126
Guacalchía	91	Luna de tentación	128
Rufous-naped Wren	92	Moon of Temptation	128
Guacalchía	93	Lua de tentação	129
Guacalchía	94	Luna di tentazione	129
Sobre la Fábula del grillo y el mar	95	Mar de gente	130
About the Fable of Cricket and the Sea	95	Sea of People	131
Sobre a fábula do grilo e do mar	95	Mar de gente	132
Della Favola del grillo e il mare	96	Mare di gente	133
Árbol de la frustración	97	Temblando de frío	134
Tree of Frustration	97	Trembling from cold	134
Árvore da frustração	98	Tremendo de frio	135
Albero della frustrazione	99	Tremando di freddo	136
Tulipanes y jasmines	101	Amor de padre	138
Tulips and Jasmines	101	Father's Love	138
Tulipas e jasmins	102	Amor de pai	139
Tulipani e gelsomini	103	Amore di padre	139
Sombras y llantos	104	Mi fragilidad inmensa	140
Shadows and Sobs	104	My Immense Fragility	140
Sombras e prantos	105	Minha fragilidade imensa	141
Ombre e pianti	106	La mia fragilità immensa	141

Día descomunal	142	La niña que se enamoró	169
Roaring Day	142	The Girl That Fell in Love	169
Dia excepcional	143	A menina que se apaixonou	170
Giorno smisurato	143	La bimba che si innamorò	171
Decadencia	144	El hombre que se ve	172
Decadence	144	The Man You See	172
Decadência	145	O homem que se vê	173
Decadenza	145	L'uomo che si vede	173
Pasión enajenada	146	Un día sin sol	174
Crazed Passion	147	A Day without Sun	175
Paixão louca	148	Um dia sem sol	176
Passione alienate	149	Un giorno senza sole	177
Caer	151	Confusión	178
Falling	151	Confusion	179
Cair	152	Confusão	180
Cadere	153	Confusione	181
Atormentado Inundado	155	Tormenta	182
Tormented Inundated	155	Storm	182
Atormentado Inundado	156	Tempestade	183
Tormentato sommerso	157	Tempesta	183
Enajenado	158	Nada será igual	184
Crazed	158	Nothingness	184
Alienado	159	Nada	185
Alienato	159	Nulla sarà	186
Volcán venenoso	161	Tiempo	187
Poisonous Volcano	161	Time	188
Vulcão venenoso	162	Tempo	190
Vulcano velenoso	163	Tempo	191
Pecado	164	La soledad de la desconfiada	193
Sin	164	Solitude of the Distrustful	193
Pecado	164	A solidão da desconfiada	194
Peccato	164	La solitudine della diffidenza	195
Te quiero	165	Incomprensión	196
I Want All of You	165	Misunderstood	196
Te amo	166	Incompreensão	197
Ti amo	167	Incomprensione	198

Firmamento	200
Firmament	201
Firmamento	202
Firmamento	203
Saudade	204
Saudade	205
Saudade	206
Saudade	208
No sé	210
I Don't Know	210
Não sei	211
Non so	212
La tarde ya pasó	213
Afternoon Has Passed	213
A tarde já acabou	214
La sera già finì.	214
La brusquita	215
Hard Lemonade	215
Imoral	216
La burbera	216
Eliza, la brusquita	217
Eliza Loose	218
Eliza Maluca	219
Eliza l'ingorda	220
Pero cómo la quise	223
Oh How I Loved Her	224
Mas como eu a amei	224
Ma quanto la desiderai	226
Oda a Elizabeth	228
Ode to Elizabeth	228
Ode à Elizabeth	229
Ode a Elizabeth	230
Aguacero	232
Downpour	232
Carga d'água	233
Acquazzone	233

Fugitivo

Con pies de plomo camino hacia vos
Me siento en el banco que te mece
Y mece mi vanidad al verte

Cuando oís el retumbo de mi voz
Y me buscás, me mirás, me sonreís
Tu infancia desvanece mis penas

Te di vida y hoy me la devolvés
Vos salvándome de la oscuridad
Y yo refugiándome en tu nido

Cuando se rebalsa el amor,
Cuando chispea la dulzura a mi nahual
agradezco por tenerte

sin merecerlo y sin merecerte.

Fugitive

With lead feet I walk towards you
Thanking my Nahual for having you
Without deserving it
Without deserving you

You hear the echoing of my voice
You search for me
You watch me
You smile at me

H_2O | *Aguacero - Downpour - Carga d'água - Acquazzone*

I sit on the chair that rocks you
And rocks my mist
And you dispel my pains
Saving me from obscurity
Sheltering me, lost in your nest

I gave you life
You return it to me
And I don't know what to do
When love overflows,
And your delicacy sparks and drizzles.

Fugitivo

Com pés de chumbo caminho até você
Agradecendo ao meu náuatle por te ter
Sem merecê-lo
Sem te merecer

Você ouve a retumbância da minha voz
Procura-me
Olha-me
Sorrí pra mim

Sento-me no balanço que te balança
Que agita minha garoa
E você dissipa minhas penas
Me tirando da escuridão
Me acolhendo perdido em seu ninho

Dei-te vida
Você a devolve

E não sei o que fazer
Quando o amor transborda,
Quando faísca a doçura.

FUGGITIVO

Con piedi di piombo cammino verso te
Mi siedo sulla panchina che ti dondola
E dondola la mia vanità nel vederti

Quando senti il l'eco della mia voce
E mi cerchi, mi guardi, mi sorridi
La tua innocenza dissolve le mie pene

Ti donai la vita e oggi me la rendi
Tu, salvandomi dall'oscurità
E io, rifugiandomi nel tuo nido

Quando indugia l'amore, quando
Brilla la dolcezza il mio Nahual[1]
Ringrazio per averti nel mio destino

Senza meritarlo e senza meritare te.

---

1   **Nahual** (anche scritto *Nagual*) è considerato lo spirito buono, simile ad un angelo guardiano, che si manifesta sotto la forma di un animale. Ogni persona aveva un nahual che lo seguiva e lo proteggeva.

H_2O | *Aguacero - Downpour - Carga d'água - Acquazzone*

GENERACIÓN

La niña le pregunta a su abuelita
Acerca del paradero de sus dientes
Su cara estrellada con arrugas sonríe
como buscando acomodarlas
Y le dice que ahí están y que están a la venta
Y se los muestra
Y la nena naufraga entre la risa y el nerviosismo

Pero la abuelita sabe que en su guarida guarda
Aquellos verbos dolorosos
Cuando en los albores de su nube

Sin tener su propio criterio
De una pescozada le robaron la sonrisa.

Por ser mujer
Por disidir

Y porque las caries eran cosas de hombres.

GENERATION

The little girl asks her nana the whereabouts of her teeth
The crackled face smiles
looking for a way to accommodate each wrinkle
And she tells her they're over there and they're for sale
And she shows them to her
And the child sinks somewhere between laughter and worry

But the nana knows that in that lair she guards
Those painful verbs from when
In the dawn of her cloud
Without being allowed her own say
Her smile was stolen from her with a slap.

For being a woman
For dissenting
And because cavities were a man's thing.

GERAÇÃO

A menina pergunta à sua vovozinha o paradeiro dos seus dentes
Sua cara estrelada de rugas sorrí
como procurando acomodá-las
Dizendo-lhe que estão ali e à venda
E os mostra
E a menina se afunda entre o riso e o nervosismo

Mas a vovozinha sabe que no seu refúgio guarda
Aquelas palavras dolorosas quando
Nos amanheceres da sua nuvem

E sem ter uma opinião formada
De sopetão lhe roubaram o sorriso.
Por ser mulher
Por discordar

E porque as cáries eram coisas de homens.

GENERAZIONE

La bambina chiede alla sua nonnina dove si trovino i suoi denti
Il suo viso costellato di rughe le sorride
Come cercando di uniformarle
E le dice che è lì che stanno e che sono in vendita
E glieli mostra
E la piccola si inabissa tra il sorriso e il nervosismo

Però la nonnina sa che nella sua tana custodisce
Quelle parole dolorose quando
Agli inizi delle sue nubi
(la nipote pensa al Diluvio)
Senza aver una ragione propria
con un colpo alla testa le rubarono il sorriso.

Per essere una donna
Per essersi opposta
O perché le carie erano cose da uomini.

Cadejo: una autobiografía

Dicen que prestar atención
es señal de inteligencia
Seré muy inteligente pues
porque me he fijado
que un día como bien
que el otro día paso hambre
que los que luchan son meros
instrumentos del otro
que los que rezan para que llueva
maldicen al río cuando sube

Seré muy inteligente pues
porque me he fijado
que dicen que soy quisquilloso,
pendenciero, cascarrabias, mañoso,
delicadito y sin corazón,
buen novio, mal marido, medio amante,
malagradecido y orgulloso,
igualado y criticón,
repugnante mujeriego,
vanidoso y sin razón

No hay que ser muy inteligente pues
para fijarse
que vivo todo con todo
que nada he negado nunca
y que siempre firmemente acato todo
porque todo fracaso es mío
todo tropiezo es un paso
lejos de tu inmundicia
más cerca de mis demonios,
de mi delirio,
de mi perfección.

H_2O | *Aguacero ~ Downpour ~ Carga d'água ~ Acquazzone*

CADEJO: AN AUTOBIOGRAPHY

They say paying attention
is a sign of intelligence
I'll be very intelligent then
because I've noticed one day I eat
that the next I go hungry
that those who struggle are mere
instruments of the other
that those that pray for rain
damn the river when it rises

I'll be very intelligent then
because I've noticed
that they say I am fussy
feisty, grouchy, touchy
and heartless
good boyfriend, bad spouse, half lover
ungrateful and conceited
overfamiliar and hypercritical
repugnant womanizer
vain and senseless.

You don't have to be very intelligent then
to notice
that I live life intensely
that I've never denied an accusation
and that I always strictly obey all things
because each failure is mine
each stumble is a step
far from your filth
closer to my demons, to my delirium,
to my perfection.

Boitatá: uma autobiografia

Dizem que prestar atenção
é um sinal de inteligência
Serei muito inteligente então
porque tenho reparado
que um dia como
que o outro dia em que passo fome
que os que lutam são simples
instrumentos do outro
que os que rezam para que chova
maldizem o rio quando se enche

Serei muito inteligente então
porque tenho reparado
que dizem que sou rabugento
briguento, mal-humorado, esperto
um pouco delicado e sem coração
bom namorado, mau marido, amante vulgar
ingrato e orgulhoso
presumido e crítico
mulherengo repugnante
vaidoso e insensato

Não é preciso ser muito inteligente então
para notar
que vivo tudo intensamente
que nunca neguei nada
e que sempre acato tudo com firmeza
porque todo o fracasso é meu
todo o tropeço é um passo
longe da tua imundície
mais perto dos meus demônios, do meu delírio,
da minha perfeição.

CADEJO[2]: UN'AUTOBIOGRAFIA

Dicono che prestare attenzione
È segno di intelligenza
Sarò molto intelligente allora
Perché ho notato
Che un giorno mangio molto
Un altro giorno soffro per la fame
Che coloro che combattono sono semplici
Strumenti di altri
Che coloro che pregano affinché piova
Maledicono il fiume quando si alza

Sarò molto intelligente allora
Perché ho notato
Che dicono che sono permaloso
Litigioso, brontolone, astuto
Delicatino e senza cuore
Un buon fidanzato, un cattivo marito, imperfetto amante
Ingrato e orgoglioso
Equo e pignolo
Disgustoso donnaiolo
Vanitoso e senza ragione

Non c'è da esser molto intelligente allora
Per notare
che vivo tutto intensamente
che non ho mai negato nulla
e che sempre fermamente rispetto tutto
perché ogni sconfitta è mia
ogni passo falso è un passo
lontano dal tuo sudiciume
più vicino ai miei demoni,
al mio delirio,
alla mia perfezione.

---

[2] Cadejo o Il Cadejo è un animale leggendario della regione del Mesoamerica, molto conosciuto sia nella zona rurale che in quella urbana del Centro America. Si dice che un cane mitologico e che ne esistano uno bianco e uno nero (rispettivamente buono e cattivo).

Unicornio

La lluvia vendrá a lavar
Los escombros de tu huracán

Mientras hay quienes me ofrecen vida eterna
Tus labios me seducen con un beso de despedida

Y la desolación me palpa e invalida
Porque el amor es un malhechor con cara oculta
Cuando ya se abre como las flores
En la madrugada de la primavera
Se hace efímero en el temporal

Entre tormentas y apagones
Penetro en tu alcoba
Los relámpagos se enseñorean
La tempestad se agiganta.

Mis palabras son esas
Que se derraman en el mar

Apenas sé cómo te llamas.

Unicorn

The rain will come to wash
The rubble from your hurricane

While there are some that offer me eternal life
Your lips seduce me with a farewell kiss

And desolation touches and voids me
Because love is an evildoer with a concealed face
Just when it opens like flowers
At spring's daybreak
It turns ephemeral in the tropical rains

Amidst storms and blackouts
I penetrate your bedroom
Lightning strikes take over
The storm grows bigger.

My words are those
Dispersed in the sea

I hardly know your name.

UNICÓRNIO

A chuva virá para lavar
Os escombros do teu furacão

Enquanto há quem me ofereça vida eterna
Teus lábios me seduzem com um beijo de despedida

E a desolação me toca e invalida
Porque o amor é um malfeitor com cara oculta
Quando já se abre como as flores
Na madrugada da primavera
Faz-se efímero no temporal

Entre as tormentas e apagões
Penetro no teu quarto
Os relâmpagos se amplificam
A tempestade se agiganta.

Minhas palavras são essas
Que se derramam no mar

Apenas sei como te chamas.

Unicorno

La pioggia verrà a lavare
Le macerie del tuo uragano

Mentre c'è chi mi offre vita eterna
Le tue labbra mi seducono con un bacio di addio

E la desolazione mi palpa e mi annulla
Perché l'amore è un delinquente con il volto nascosto
Quando già s'apre come i fiori
All'alba della primavera
Diventa effimero durante il temporale

Tra tormente e oscurità
entro nella tua camera
i fulmini si impadroniscono
la bufera si ingigantisce.

Le mie parole sono codeste
Che si versano nel mare

Appena seppi come ti chiami.

LLUEVE SOBRE MOJADO

En la cuna del recuerdo
Brillan los paraguas
Se cantan las milongas
Saltan las *cachaças*
Vibra la chicha

Vos no lo sabrás nunca
Pero la distancia derrama los recuerdos
Aquí o allá
Los amarra
Los adormece
Los amamanta
Los arrastra como gato panza arriba
Los atraganta en mi garganta

Y mi silencio grita que no
Tal vez provoque risa
Quizás provoque llanto
Tal vez mi desgracia
Ahuyente mi quebranto

Venzo a mi yo rival
Opaco la esperanza aquella
Duermo a la cría interior
Para que tome la siesta que merece
Sin despertar jamás.

It Rains on the Drenched

In the cradle of memory
Umbrellas shine
Milongas are sung
The *cachaças* jump
The corn liquor vibrates

You will never know it
But distance overflows memories
Here or there
It ties them up
It lulls them to sleep
It suckles them
It sweeps them up like a fighting bellied up cat
It sticks them in my throat

And my silence screams "no"
Perhaps to provoke laughter
Maybe to provoke sobbing
Perhaps my disgrace
Banishes my decay

I vanquish my rival self
I darken that remote hope
I put that internal offspring to sleep
So it can take the nap it deserves
Without ever waking again.

H_2O | *Aguacero - Downpour - Carga d'água - Acquazzone*

Chove sobre o molhado

No berço da lembrança
Brilham os guarda-chuvas
Cantam as milongas
Saltam as cachaças
Vibra a *chicha*

Tu nunca saberás
Mas a distância espalha as lembranças
Aqui ou acolá
Amarra-as
Adormece-as
Amamenta-as
Arrasta-as como gato de barriga pra cima
Atravessa-as na minha garganta

E o meu silêncio grita que não
Talvez provoque riso
Ou talvez provoque choro
Talvez a minha desgraça
Afugente meu abatimento

Venço o meu eu rival
Opaco qualquer esperança
Reprimo a minha criança interior
Para tirar a soneca que mereço
E nunca mais acordar.

PIOVE SUL BAGNATO

Nella culla del ricordo
Splendono gli ombrelli
Si cantano le milonghe
Saltellano le *cachaças*[3]
Vibra la *chicha*[4]

Tu non lo saprai mai
Ma la lontananza rovescia i ricordi
Qui o là
Li ormeggia
Li addormenta
Li allatta
Li trascina come gatti a pancia all'aria
Li soffoca nella mia gola

E il mio silenzio grida di no
Magari provoca risate
Forse provoca pianto
Chissà la mia disgrazia
Faccia fuggire il mio disfacimento

Vinco il mio rivale io
Opacizzo la speranza, quella
Addormento la bambina interiore
Affinché faccia il riposino che merita
Senza svegliarla mai.

---

3 La *cachaça* è un'acquavite, comune in Brasile, ottenuta dalla distillazione del succo di canna da zucchero. Nella preparazione della *cachaça* si utilizza solamente il succo della canna allo stato grezzo. Il succo opportunamente bollito, fermentato e distillato produce così l'acquavite finale.
4 Bevanda alcolica di mais, ottenuta dalla fermentazione di mele, ananas e uva.

H_2O | *Aguacero - Downpour - Carga d'água - Acquazzone*

TIERRA A LA VISTA

La mañana no llega nunca a mi país
La sangre enfangada brota tanto
Asfixiando sus abismos de raíz.

Mi país, ese país tan sangrado
Tan lejano, tan herido, tan infeliz,
Tan querido, pero tan odiado.

El viento, borracho de hojarascas,
Salió de la nada para noquearme
De una bofetada nefasta

Para hacerme recordar los días
de mi infancia robada por la guerra
y por pasiones que no eran las mías

Y perdí, perdimos ya el corazón
Aprendimos a pensar con el hígado
O con las patas o a pensar sin razón.

Ya nadie quiere "Volver a sus brazos
otra vez" para no volver a perder
Aunque a eso acostumbrados estemos.

LAND IN SIGHT

The morning never comes to my country
Muddy blood flows so much
Smothering their root depths.

My country, that bloody country, that bleeding country
So far, so hurt, so unhappy,
So loved, but so hated.

The wind, drunk with stubble,
Came out of nowhere to knock me out
A nefarious slap

To make me recall the days
my childhood days stolen by war
and by passions that were not mine

And I lost, we already lost the heart
We learned to think with the liver
Or with the legs or just to think without reason.

Nobody wants "to go back to your arms
Again" not to lose again
Although we are accustomed to losing.

Marinheiro

A manhã nunca vem para o meu país
O sangue enlameado flui tanto
Sufocando suas profundidades de raiz.

O meu país, tão sangrado
Tão longe, tão ferido, tão infeliz,
Tão querido, mas tão odiado.

O vento, bêbado de restolhos,
Veio do nada para me nocautear
Um tapa nefasto

H_2O | *Aguacero - Downpour - Carga d'água - Acquazzone*

Para me fazer lembrar dos dias
da minha infância roubada pela guerra
e por paixões que não eram minhas

E eu perdi, nós perdemos já o coração
Nós aprendemos a pensar com o fígado
Ou com as pernas ou a pensar sem razão.

Ninguém quer "Voltar para seus braços
novamente" para não perder novamente
Apesar de estarmos acostumados a isso.

TERRA IN VISTA

Il mattino non arriva mai nel mio paese
Il sangue fangoso scorre tanto
Soffocando gli abissi della radice.

Il mio paese, questo paese tanto insanguinato
Tanto lontano, tanto ferito, tanto infelice,
tanto voluto, ma tanto odiato.

Il vento, ubriaco di fogliame,
uscì dal nulla per mettermi fuori combattimento
con uno schiaffo funesto

per farmi ricordare i giorni
della mia infanzia rubata dalla guerra
e dalle passioni che non erano le mie

e persi, perdemmo già il cuore
imparammo a pensare con il fegato
o con le zampe o a pensare senza ragione.

Nessuno più vuole "Tornare nelle sue braccia
un'altra volta" per non tornare a perdere
nonostante a questo siamo abituati.

Te prometo

Así como prometía Rilke
Te prometo
No prometerte nada
para que no nos debamos nada

Y para que el recuerdo sea dulce
No te sintás culpable
Por la lluvia en mi cabello
No pido ni piedad ni misericordia ni lástima
Ni empatía ni febril compasión

Ni por cortesía preguntés cómo estoy
Que cómo está mi hombro que qué tal mi carro
Que si estoy durmiendo mejor, que qué tal el gato

Dejá,
Dejá que la herida se cure a solas
Se infecte se desinfecte se cierre se abra se limpie
Se encarne se descarne se desangre se desahucie
Se desmembre se mutile se tome su tiempo se seque
Se descascare mude de piel se descuartice se suicide
y se quede
en paz.

I promise

As Rilke used to promise
I promise
Not to promise anything
so that we are not indebted to one another

And so that the memory be sweet
Do not blame yourself
For the rain in my hair
I am not asking for pity or mercy or charity
Neither empathy nor feverish compassion

Avoid being courteous and don't ask me how I am feeling
Don't ask me about my shoulder or about my car
If I'm sleeping better, forget about the cat

Let it be,
Let the wound heal alone
Let it be infected disinfected be closed be opened be cleaned
let the flesh incarnate bleed out be evicted
be mutilated be dismembered take time to dry
to shed skin to commit suicide
and stay
in peace.

Te prometo

Como Rilke prometia
Te prometo
Não prometer nada
para não devermos nada

E para que a lembrança seja doce
Não se sinta culpável
Pela chuva no meu cabelo
Não peço piedade nem misericórdia ou pena
Nem empatia nem compaixão febril

Nem por amabilidade perguntes como eu estou
Como está meu ombro o que acontece com o meu carro
Se eu estou dormindo melhor, o que aconteceu com o gato

Deixa,
Deixe que a ferida cicatrize sozinha
Se infecte se feche se desinfete se abra se limpe
Se encarne se descarne se dessangre se expulse
Se desmembre se mutile se tome o tempo para secar
Se descame se mude de pele se esquarteje se suicide
e fique
em paz.

TI PROMETTO

Così come prometteva Rilke
Ti prometto
Di non prometterti nulla
Affinché non dobbiamo nulla
L'uno all'altro

E affinché il ricordo sia dolce
Non sentirti colpevole
Della pioggia sui miei capelli
Non chiedo né pietà né
Misericordia né pena
Né empatia né febbrile
Compassione

Né per cortesia chiedimi
Come sto
Come sta la mia spalla

Come sta la mia macchina
Se sto dormendo
Meglio, come sta il gatto

Lascia,
lascia che la ferita si curi da
sola
si infetti si disinfetti si
chiuda si apra si pulisca
si incarni si discarni si
dissangui si dichiari inguaribile
si smembri si mutili si
prenda il suo tempo si secchi
si sbucci cambi pelle
si squarti si suicidi

e riposi in pace.

Epigrama

Tu nombre pronuncio
Mientras me dices adiós
Y mi corazón se hincha en dos
Fragmentándose como vidrio

Pensé en retenerte
En decirte que contigo encuentro
esa paz, decirte que a tu lado somos uno,
que nos une ese tierno amor

Te tomo las manos
pero el verde de tus ojos huye del negro de los míos
Todas nuestras ilusiones pasiones pretensiones
Se clavan en el muro de los olvidos

Mi alma se derrite y se vuelve un charco de tristezas
Me quitaste la tinta con que los versos escribía
Pero cada quien forja su propio destino
y sé que el nuestro era ser feliz con uno mismo
y siendo ahora que ya no lo sos,
sé libre.

Epigram

Your name I pronounce
As I say goodbye
When my heart swells into two
Fragmenting itself as a glass

I thought to hold you
To tell you that with you I find
that peace, to tell you that by your side we are one,
that this tender love unites us

I hold your hands
but the green of your eyes is fleeing from the dark of mine
All our passions illusions desires
They now dig into the wall of the forgotten.

Epigrama

O seu nome eu pronuncio
Enquanto eu digo adeus
E meu coração incha em dois
Fragmentando como o vidro

Eu pensei abraçar você
Para te dizer que com você eu encontro
a paz, dizer que ao seu lado somos um
que nos une esse terno amor

Eu seguro as tuas mãos
mas o verde dos teus olhos negros foge dos meus pretos
Todas as nossas paixões ilusões desejos
Se cravam ao muro dos esquecimentos

Minha alma se derrete e se torna uma poça de tristeza
Você pegou a tinta com que escrevia os versos
Mas a gente forja seu próprio destino
e eu sei que o nosso era para ser feliz consigo mesmo
e sendo mesmo agora que não somos mais,
seja livre.

EPIGRAMMA

Il tuo nome pronuncio
Mentre mi dici addio
E il mio cuore si gonfia il doppio
Frantumandosi come vetro

Pensai di trattenerti
A dirti che con te trovo
Questa pace, dirti che al tuo lato siamo una cosa sola,
che ci unisce questo tenero amore

ti prendo le mani
ma il verde dei tuoi occhi scappa dal nero dei miei
tutte le nostre illusioni passioni pretese
si inchiodano nel muro dell'oblio

la mia anima si scioglie e diventa una pozza di tristezze
mi togliesti l'inchiostro con il quale i versi scrivevo
ma chiunque forgia il proprio destino
e so che il nostro era quello di esser felici con uno solo
ed essendo ora che non lo siamo più,
so che sono libero.

Llueve sobre mojado II

La lluvia ha sido condenada al olvido, me dice mi hermano. –no ha llovido por meses y el calor ya no se aguanta. Hasta la Laguna de Alegría, dicen, ha disminuido varios metros.

No hay disfraz, no hay lluvia, no hay comida.

Mi hermano ríe a media risa. Convida a la danza de los antepasados para que el cielo mande lluvia. Al amanecer se encuentra con el sereno ausente y su rostro soñador maquilla la idea de un sacrificio humano para apaciguar al remedo de dioses que controlan la lluvia. Mas ni siquiera eso progresa por falta de voluntarios, agrega. Y no ora ni reza porque la última vez que lo hizo lo hizo mal y Cristo o Mahoma no entendieron y les mandó demasiada bendición que no paró de llover hasta que el río se hubiese tragado a los hermanos que viajaban en el autobús después de la iglesia.

Cada mañana se levanta esperando que haya llovido para que los agricultores no le suban el precio a los frijoles. Triste y deshecho dirige la mirada hacia su inexistente caja fuerte y sabe que no le alcanzará el dinero de la quincena. Ve destrozado las noticias en la tele donde le arrebatan la última esperanza. Se consterna, aunque no tiene dinero para la gasolina, es más, ni siquiera tiene carro. Su diminuto Subaru Justy es un lejano y agónico recuerdo.

Se prepara para ir a su trabajo con las nubes de preocupaciones a su espalda. Las nubes, me dice, parecen como si fueran sólidas estructuras de cemento blanco. Pero al poner un pie en la realidad se da cuenta que son tal como las imaginábamos de pequeños mientras jugábamos en los tejados del mesón.

H_2O | *Aguacero – Downpour – Carga d'água – Acquazzone*

IT RAINS ON THE DRENCHED II

The rain has been condemned to obscurity, my brother tells me. –it hasn't rained for months and now the heat's unbearable. Even at the Lagoon of Happiness they say it's down many meters.

There is no disguise, there is no rain, there is no food.

My brother half chuckles. He invokes the ancestors' dance so that the sky sends rain. At daybreak it will be found with absent serenity and its sleepy face will embellish the idea of a human sacrifice to parodically pacify the sorry excuse for gods that control the rains. But that doesn't even go forth due to the lack of volunteers, he adds. And neither does he implore nor does he prey because the last time he did it, he did it wrong and Christ or Mohammed didn't understand and he sent them so many blessings that it didn't stop raining until the river had swallowed the brothers that were traveling in the bus after church.

Each morning he gets up hoping that it had rained so that the farmers wouldn't raise the price of beans. Sad and cast-off, he directs his gaze towards his inexistent safe and he knows the money won't last him two weeks. Destroyed he watches news on the TV that takes away his last hope. He's upset, although he doesn't have money for gas, it's worse, he doesn't even have a car. His diminutive Subaru Justy is a distant and agonizing memory.

He prepares to go to work with clouds of worry at his back. The clouds, he tells me, seem to be solid structures of white cement. But upon placing a foot in reality he realizes that they're just as we imagined them to be when we were little and playing on the tiled roof of the old home.

Chove sobre o molhado II

A chuva foi condenada ao esquecimento, diz meu irmão. –não chove há meses e já não se aguenta o calor. Até a Lagoa da Alegria dizem que já diminuiu vários metros.
Não há disfarce, não há chuva, não há comida.
Meu irmão ri com um sorriso amarelo. Convida a dançar os antepassados para que o céu mande chuva. Ao amanhecer se encontra com o sereno ausente e seu rosto sonhador maquina a ideia de um sacrifício humano para apaziguar a imitação dos deuses que controlam a chuva. Mas nem sequer isso é possível por falta de voluntários, acrescenta. E não ora nem reza porque a última vez que o fez o fez mal e Cristo e Maomé não entenderam e mandaram tantas bênçãos que não parou de chover até que o rio engoliu os irmãos que viajavam no ônibus depois da igreja.
Todas as manhãs se levanta esperando que tenha chovido para que os agricultores não subam o preço do feijão. Triste e desfeito dirige o olhar até sua inexistente caixa forte embora sabendo que o dinheiro da quinzena nunca chegará. Assiste despedaçado as notícias na tv que lhe arrebatam a última esperança.
Prepara-se para trabalhar com nuvens de preocupação nas costas. As nuvens, disse-me, parecem como se fossem sólidas estruturas de cimento branco. Mas ao colocar um pé na realidade percebe que são tal como imaginávamos de criança quando jogávamos nos telhados da pousada.

Piove sul bagnato II

La pioggia è stata condannata all'oblio, mi dice mio fratello – non ha piovuto per mesi e il calore non si sopporta più. Persino la Laguna di Allegria dicono sia diminuita di alcuni metri.

Non c'è travestimento, non c'è pioggia, non c'è cibo.

H_2O | *Aguacero - Downpour - Carga d'água - Acquazzone*

Mio fratello ride, con una mezza risata. Invita alla danza degli antenati affinché il cielo mandi la pioggia. All'alba trova il sereno assente e il suo viso sognatore nasconde l'idea di un sacrificio umano per mitigare le burla degli dei che controllano la pioggia. Ma nemmeno questo riesce per mancanza di volontari, aggiunge. E non supplica né prega perché l'ultima volta che lo fece lo fece male e Cristo o Maometto non capirono e gli inviò talmente tanta benedizione che non smise di piovere finché il fiume non avesse inghiottito i fratelli che viaggiavano nell'autobus dopo la chiesa.

Ogni mattina si alza sperando abbia piovuto affinché gli agricoltori non aumentino il prezzo dei fagioli. Triste e disfatto dirige lo sguardo verso la sua inesistente cassaforte e sa che non gli arriverà il denaro dello stipendio. Vede distrutto le notizie in televisione dove gli portano via l'ultima speranza. Si avvilisce, benché non abbia denaro per la benzina, inoltre non ha neppure una automobile. La sua piccola SubaruJusty è un lontano e agonico ricordo.

Si prepara per andare al lavoro con le nubi delle preoccupazione alle sue spalle. Le nubi, mi dice, sembra come se fossero solide strutture di cemento bianco. Però mettendo i piedi nella realtà si rende conto che sono così come le immaginavamo da piccoli mentre giocavamo sul tetto della locanda.

Revolcón de amor

No se me escapa el sonido de las pringas
Que una a una
formaban aquel chubasco

Chuña anduve
jalando agua de la pila
pasando aquel remedo de río
aquel triste charco

El cántaro
el canto mío y de todos
risas, lágrimas, piedras incrustadas
en mis delicados pies cuneteros

Mis recuerdos se vuelven en mi contra
atormentando el infame dolor que no amaina jamás

Al unísono
las chiches de las campesinas aplaudían mi llegada
alimentando mi morbo de sagaz vagabundo
apuñalando con sus pezones el deseo pueril

Los recuerdos todos se convierten en un infierno de rosas
en un anhelo que no se recobra como el fuego de un candil
en la sombra del adiós.

Rumble of love

I can't escape
the sound of drips that

H_2O | *Aguacero – Downpour – Carga d'água – Acquazzone*

one by one
formed that squall

I walked barefoot
guzzling water from the basin
going by that sorry image for a river
that sad puddle

The jug
the song of mine and of all
smiles, tears, embedded stones
in my delicate urban feet

My memories turn against me
tormenting the dreadful pain that never abates

In unison
the peasant women's breasts applauded my arrival
nourishing my roving sagacious arousal
stabbing trivial desire with their nipples

The memories all convert themselves into a rosy hell
in a longing that doesn't recover like the lantern's fire
in the shadow of goodbye.

REVIRAVOLTA DE AMOR

Não me escapa o som
dos pingos que
um a um
formavam aquele aguaceiro

Andei descalço no interior
Tirando água de pedra
passando aquela imitação de rio
aquela triste poça

O cântaro
o meu canto e o de todos
Risos, lágrimas, pedras cravejadas
nos meus delicados pés de Mauricinho

Minhas lembranças se voltam contra mim
atormentando a infâme dor que nunca se atenua

Em uníssono
os peitos das campesinas aplaudiam minha chegada
alimentando minha fraqueza de vagabundo perspicaz
apunhalando com seus mamilos o desejo pueril

E todas as lembranças se convertem em um inferno de rosas
num desejo que não se renova como o fogo de uma candeia
na sombra do adeus.

Batosta d'amore

Non mi sfugge il suono
Delle gocce che
Una ad una
Formavano quell'acquazzone

Andavo arruffando
Tirando acqua dalla pila

Superando quella specie di fiume
Quella triste pozza

L'anfora
Il canto mio e di tutti
Risate, lacrime, pietre incrostate
Nei miei delicati piedi di strada

I miei ricordi mi si ritorcono contro
Tormentando l'infame dolore che non si placano mai

All' unisono
Le tette delle contadine applaudivano il mio arrivo
Alimentando il mio morbo di sagace vagabondo
Pugnalando con i loro capezzoli il desiderio puerile

I ricordi si trasformano tutti in un inferno di rose
In un anelito che non si recupera come il fuoco di una lucerna
Nell'ombra dell'addio.

DEIDAD

Vos y yo sabemos por qué estamos aquí
Porque nos llaman poetas
Sin disputa
Con disputa, con *that* santa o con *the* otra
Nos vence la razón, nos endiosamos

Preferís el camino
Creerte alfarero, arquitecto, dios
Y disfrutar tus creaciones
Y deshacerlas y recrearlas
Sin amarlas, porque a los poetas nadie les enseñó a amar

De qué vale ser poeta y estar solo
Sin disputa
Sin nada
Como que si estas,
la soledad y la afonía,
la estrechez y la agonía,
te hubieran teñido
con la misma tinta
indeleble

El estar vivo no te sirve
para curar tu impostura
Y cultivás tu intelecto
Disparando versos de muerte
Sudando calor y frío en la frente y nadie entiende tus poemas, solo vos

Nadie te ve, nadie te entiende, nadie te busca, nadie espera a los locos
Ni tan siquiera saben si existís o si estás muerto

Ella te vela pacientemente cada mañana (está ahí)

H_2O | *Aguacero - Downpour - Carga d'água - Acquazzone*

Pero tus intolerantes nervios te traicionan
Estás ausente en un cuerpo momificado
Con un sable como alma

Y es que a veces los buenos
Somos tan malos
Como los propios malos
Y seguimos cayendo como la tormenta.

DEITY

You and I know why we are here
Because they call us poets
Without dispute
With dispute, with *that* innocent one o with *the* other one
Reason defeats us, we believe we are gods

You prefer the road
Believing you are a potter, an architect, a god
And enjoying your creations
And undoing them and recreating them
Without loving them, because no one taught poets to love

What's it worth to be a poet and be alone
Without dispute
Without anything
As if these,
solitude and aphonia,
hardship and agony,
had dyed you with the same indelible
 ink

Being alive doesn't help you
cure your imposture
And you cultivate your intellect
Shooting verses of death
Sweating heat and cold from the forehead and no one
understands your poems, only you

No one sees you, no one understands you, no one looks for
you, no one waits for crazies
They don't even know if you exist or if you're dead

She watches over you patiently each morning
But your intolerant nerves betray you
You are absent in a mummified body
With a saber for a soul

And it's that sometimes the good ones
Are so bad
Like the proper bad ones
And we keep falling down like the storm.

DIVINDADE

Tu e eu sabemos porque estamos aqui
Porque nos chamam poetas
Sem conflitos
Com a vaca, com a santa ou com a outra
Vence-nos a razão, nos endeusamos

Preferes o caminho
Acreditares ser oleiro, arquiteto, deus
E usufruir tuas criações

Desfazê-las e recriá-las
Sem amá-las, porque aos poetas ninguém ensinou a amar

De que vale ser poeta e estar só
Sem conflitos
Sem nada
Como se estas,
a solidão e a afonia,
a estreiteza e a agonia,
te houvessem tingido
com a mesma tinta
indelével

O estar vivo não te serve
para curar tua mentira
E cultivas teu intelecto
Disparando versos de morte
Suando calor e frio na testa e ninguém entende teus poemas,
só tu

Ninguém te vê, ninguém te entende, ninguém te procura,
ninguém espera os loucos
Nem sequer sabem se existes ou estás morto
Ela te vela pacientemente todas as manhãs
Mas teus nervos intolerantes te traem
Estás ausente em um corpo mumificado
Com uma espada como alma

É que às vezes os bons
Somos tão maus
Como os próprios maus
E seguimos caindo como a tempestade.

DIVINITÀ

Tu ed io sappiamo perché siamo qui
Perché ci chiamano poeti
Senza disputa
Con la vacca, con *that* santa o con *the* altra
Ci supera la ragione, ci divinizziamo

Preferite il cammino
Crederti vasaio, architetto, dio
E godere delle tue creazioni
E disfarle e ricrearle
Senza amarle, perché ai poeti nessuno insegnò ad amare

A cosa serve essere poeta ed essere solo
Senza disputa
Senza nulla
Come se queste,
la solitudine e l'afonia,
la strettezza e l'agonia,
ti avessero colorato
con lo stesso colore
indelebile

essere vivo non ti serve
per curare la tua impostura
e coltiva il tuo intelletto
sparando versi di morte
sudando caldo e freddo nella fronte e nessuno comprende le tue
poesie, solo tu

nessuno ti vede, nessuno ti comprende, nessuno ti cerca, nessuno aspetta i matti

nemmeno sanno se esisti o se sei morto

H_2O | *Aguacero - Downpour - Carga d'água - Acquazzone*

lei ti veglia pazientemente ogni mattina (sta lì)
ma i tuoi intolleranti nervi ti tradiscono
sei assente nel tuo corpo mummificato
con una sciabola come anima

ed è che a volte noi buoni
siamo talmente cattivi
come i propri mali
e continuiamo a cadere come la tempesta.

Amanecer con un gato gris

Busco canciones en las radios por internet
y me doy cuenta que ya es *le morning* en París
que llueve en Uruguay mientras ponen *músicas na madrugada*
en Brasilia

Lugares todos remotos, diluidos en la distancia
y el agua que se desliza en la cascada de mi pecera
quiere replicar el agua de afuera en las canaletas
tímida
en un clima que nos envuelve en su jueguito de lluvias
primaverales con relapsos de invierno glacial

Llueve
y yo aquí en mi bañera contemplando mi soledad
que me abraza como las burbujas del jabón de Dora y la sal
Epson

La madrugada se aproxima y me acaricia
y me acaricia el ronroneo del gato gris que me observa, me
asecha

La música sigue sonando y la *saudade* sigue creciendo.
Cierro el grifo.
Desaguo la bañera.
Caen las últimas gotas en mi piel
como el rocío en las hojas mordidas por las orugas
que pacientemente esperan la mañana, el sol, el calor, la
alegría,
o, como el gato gris, esperan
salir
de su soledad.

H_2O | *Aguacero - Downpour - Carga d'água - Acquazzone*

WAKING WITH A GREY CAT

I look for songs on internet radio
and I realize that it's already *le morning* in Paris
that it is raining in Uruguay while they play *músicas na madrugada* in Brasilia

All remote places, diluted in distance
and the water that shoots out from the cascade of my fishtank
wants to replicate the water from outside in the timid gutters
in a climate that wraps us up in its little game of spring rains
with relapses of glacial winter

It rains
and here I am in my bathtub contemplating my solitude
that embraces me like bubbles of Dora soap and Epsom salt

The morning is getting closer and it caresses me
and the purring of the grey cat observing me caresses me,
traps me

The music keeps playing and the *saudade* keeps growing.
I shut off the tap.
I empty the bathtub.
The last drops fall on my skin
like dew on leaves chewed up by caterpillars
that patiently wait morning, sun, warmth, happiness
or, like the grey cat, wait
to leave
their solitude.

Amanhecer com um gato cinza

Procuro canções nas rádios pela internet
e percebo que já é le morning em Paris
que chove no Uruguai enquanto colocam músicas na madrugada
em Brasília

Lugares todos remotos, diluídos na distância
e a água que desliza na cascata do meu aquário
quer multiplicar a água de fora nas canaletas
tímida
num clima que nos envolve no seu joguinho de chuvas
primaveris com relapsos do inverno glacial

Chove
e eu aqui na minha banheira contemplando minha solidão
que me abraça como as bolhas do sabão da Dora e o sal Epson

A madrugada se aproxima e me acaricia
e me acaricia o rosnado do gato cinza que me observa, me segue

A música continua tocando e a saudade continua aumentando.
Fecho a torneira.
Esvazio a banheira.
Caem as últimas gotas na minha pele
como o orvalho nas folhas mordidas pelas lagartas
que pacientemente esperam a manhã, o sol, o calor, a alegria,
ou, como o gato cinza, esperam
sair
da sua solidão.

ALBEGGIARE CON UN GATTO GRIGIO

Cerco canzoni nelle radio in internet
E mi accorgo che è già *le morning* a Parigi
Che piove in Uruguay mentre mettono *músicas na madrugada*
A Brasilia

Luoghi tutti lontani, diluiti nella distanza
E l'acqua che scivola per la cascata del mio acquario
Vuole opporsi all'acqua di fuori nelle canalette
Timida
In un clima che ci coinvolge in un giochetto di piogge
Primaverili con ricadute di inverno glaciale

Piove
Ed io qui nella mia vasca contemplando la mia solitudine
Che mi abbraccia come le bolle del sapone di Dora e il sale
Epson

L'alba si avvicina e mi accarezza
E mi accarezzano le fusa del gatto grigio che mi osserva, mi tende un agguato

La musica continua a suonare e la *saudade* continua a crescere.
Chiudo il rubinetto.
Svuoto la vasca
Cadono le ultime gocce sulla mia pelle
Come la rugiada sulle foglie mordicchiate dai bruchi
Che pazientemente aspettano il mattino, il sole, il calore, l'allegria,
o, come il gatto grigio, aspettano
di uscire dalla loro solitudine.

BALADA DEL AMIGO PERFECTO

Con sueños se escribe la vida
–decía Leonel–
Pero hay sueños vacíos,
Donde no pasa nada, donde no se escribe nada
Queridos humanos.

Si te pegan en una mejilla…
–decía el Mesías–
Y yo pongo todo por vos
Sos mi padre, mi amigo, mi hermano.

Paso mi vida a tus pies
Aunque a veces
no entienda tu humor
Y muy a pesar que te rías de mi mal

Llegará el momento de partir
Y ni vos ni yo lo anhelamos
Y no es el destino que pueda forjar
Ni evitar el curso de los ríos

Tantos secretos que aquí guardo
Ni aunque me bañen y me laven con la lluvia
Ni aunque del infierno busque tu escandalosa vida
No proferiré palabra alguna
Y el polvo y la ceniza se apoderarán de mí.

BALLAD OF THE PERFECT FRIEND

With dreams life is written
—Leonel would say—
But there are vacant dreams,
Where nothing happens, where nothing is written
Dear humans.

If they smite your cheek... —as the Messiah would say—
I give it all for you
You are my father, my friend, my brother.

I spend my life at your feet
Although at times
I don't get your humor
And even when you laugh at my faults

The moment to leave is to come
And nor you nor I will yearn for it
And it won't be destiny that will shape
Or avoid the course of the rivers

So many secrets I store here
Even if they bathe and wash me with rain
Even if your scandalous life searches you from hell
I won't proffer one word
As dust and ash seize me.

CANÇÃO DO AMIGO PERFEITO

A vida se escreve com sonhos

—disse Leonel—
Mas há sonhos vazios,
Onde nada acontece, onde nada é escrito
Queridos humanos.

Se alguém te bater na face direita...
—disse Jesus—
E eu fizer tudo por vocês
Vocês serão meu pai, meu amigo, meu irmão.

Passo a minha vida aos teus pés
Mesmo que às vezes
não entenda o teu humor
E mesmo que te rias da minha miséria

Chegará o momento de partir
Que nem eu nem tu ansiamos
E não é o destino que vai poder manipular
Nem evitar o curso dos rios

Esses tantos segredos que eu guardo aqui
Mesmo que me banhem e lavem com água da chuva
Mesmo que o inferno busque a tua vida escandalosa
Não direi uma só palavra
E o pó e as cinzas me consumirão.

BALLATA DELL'AMICO PERFETTO

Con sogni si scrive la vita
-diceva Leonel-
Però ci sono sogni vuoti,
Dove non accade nulla, dove non si scrive nulla

H_2O | *Aguacero - Downpour - Carga d'água - Acquazzone*

Cari umani.

Se ti attaccano sulla guancia...
—diceva il Mesìas—
Io metto tutto per te
Sei mio padre, mio amico, mio fratello.

Passo la mia vita ai tuoi piedi
Nonostante a volte
Non capisca il tuo umore
E sebbene tu rida dei miei mali

Arriverà il momento di partire
E nè tu nè io lo desideriamo
E non è il destino che possa falsare
Nè evitare il corso dei fiumi
Tanti segreti che quì conservo
Nè tantomeno mi bagnano e mi lavano con la pioggia
Nè tantomeno dall'inferno cerco la tua scandalosa vita
Non proferirò parola alcuna
E la polvere e la cenere si impadroniranno di me.

Omens

Se despierta lentamente
Como un señor, señorón

Camina hacia mí
Rechoncho, alegre
Como quien ve al amor que no veía hace tiempo
Me abraza
Me besa
Me manda
señales inhumanas que comprendo bien

Sus ojos opacos, como radar
dicen lo que no puede decir
Su mirada pesada de años traiciona su instinto

El tic tac del reloj nos aleja de nuevo
El café murmura
El pan nos une
Los segundos se desvanecen
En este mar de pelos.

Omens

He wakes slowly
Like a man, a big shot

He walks towards me
Chubby, happy
Like one who sees a love they haven't seen in a while

He hugs me
Kisses me
Sends me
inhuman signs that I comprehend well

His opaque eyes, like radar
tell me what he can't say
His heavy, aged gaze betrays his instinct

The tick tock of the clock separates us once again
The coffee babbles
The bread unites us
The seconds disappear
In this sea of hairs.

PRESSÁGIOS

Acorda lentamente
Como um senhor, grande senhor

Caminha até mim
Gordinho, alegre
Como quem vê o amor que não via já faz tempo
Abraça-me
Beija-me
Manda-me
Sinais inumanos que compreendo bem

Seus olhos opacos, como radar
Dizem-me o que eu não posso dizer
Seu olhar pesado de anos trai seu instinto

O tic tac do relógio nos distancia de novo
O café murmura
O pão nos une
Os segundos se desvanecem
Neste mar de pelos.

OMENS

Si sveglia lentamente
Come un signore, signorotto

Cammina verso di me
Tarchiato, allegro
Come chi vede l'amore che non vedeva da tempo
Mi abbraccia
Mi bacia
Mi invia
Segnali crudeli che comprendo bene

I suoi occhi opachi, come radar
Mi dicono che non può dire
Il suo sguardo pesante di anni tradisce il suo istinto

Il tic tac dell'orologio ci allontana di nuovo
Il caffè mormora
Il pane ci unisce
I secondi svaniscono
In questo mare di peli.

Escuela Pública # 666

Y les dije a las niñas que yo les puedo enseñar
español, gramática, biología, hipotenusas y las tablas periódicas
pero que no les podía enseñar
respeto, honestidad,
a quererse, a cuidar lo propio y lo ajeno
a no destruirse ni a destruir a los demás

Y les enseñé
que los buenos días se le dan a cualquiera
que una sonrisa vale más que un iPhone
que no hay que rezar si ni uno se lo cree

que aunque
el sistema les enseñe a odiarse a sí mismas
por su condición,

que aunque las hermanas
las llamen de idiotas, que aunque las *incomprendan*
durante el almuerzo, que aunque las silencien en cada momento,
que aunque les cierren la mente, que aunque les repriman su risa,
que aunque no haya nadie de su condición,

Yo las invito
a que encuentren su voz
que sean descaradas, indomables
que rompan las reglas, que saquen su yo reprimido
y que se liberen del yugo de la caridad,
de la dependencia de las migajas divinas.

Public School #666

And so I told the girls that I could teach them
Spanish, grammar, biology, hypotenuses, and periodic tables
but I couldn't teach them respect, honesty,
to love themselves, to care for their own and others
to not self-destruct nor to destroy others

And so I taught them
that you say good morning to anyone
that a smile is worth more than a thousand prayers
that you don't have to pray if no one believes it

that although
the system has taught them to hate themselves
for their condition,

that although the sisters
call them idiots, that although they *incomprehend* them
during lunch, that although they silence them at every
moment, that although they close their minds, that although they
suppress their smiles, that although there's no one else in their
condition,

I invite them
to find their voices
to be insolent, indomitable
to break the rules
to unbind their repressed self
and to liberate themselves from the bonds of charity,
of the eternal dependence of the divine scraps.

Escola Pública #666

E disse às meninas que eu lhes posso ensinar
espanhol, gramática, biologia, hipotenusas e as tabelas
periódicas
mas que não podia lhes ensinar
respeito, honestidade,
a amarem-se, a cuidar do que é seu ou do outro
a não destruir a si mesmas nem ao próximo

E ensinei a elas
que bom dia dá-se a qualquer um
que um sorriso vale mais que um iPhone
que não há que rezar sem ter fé

que ainda que
o sistema as ensine a se odiar a si mesmas
pela sua condição,

que ainda que as irmãs
as chamem de idiotas, que ainda que não as entendam
durante o almoço, que ainda que as silenciem a cada
momento, que ainda que fechem sua mente, que ainda que
reprimam seu riso, que ainda que não haja ninguém da sua
mesma condição

Eu as convido
a encontrar sua voz
que sejam descaradas, indomáveis
que quebrem as regras
que tirem seu eu reprimido
e que se libertem do seu jugo de caridade
da dependência das sobras divinas.

Scuola pubblica # 666

e dissi alle bambine che io posso insegnare loro
lo spagnolo, la grammatica, la biologia, ipotenuse e le tavole
periodiche
però che non potevo insegnare loro
il rispetto, l'onestà,
ad amarsi, a tener cura delle proprie cose e di quelle lontane
a non distruggersi né distruggere il resto intorno a loro

e insegnai loro
che il buon giorno si dà a chiunque
che un sorriso vale più di un iPhone
che non si deve pregare si nessuno ci crede

che sebbene
il sistema insegni loro a odiare se stesse
per la loro condizione,

che sebbene le sorelle
chiamino loro idiota, che sebbene le *incomprendano*
durante la colazione, che sebbene le zittiscano in ogni
momento, che sebbene chiudano le loro menti, che sebbene
reprimano le loro risa, che sebbene non ci sia nessuno nelle
loro condizioni,

io invito loro
affinché trovino la loro voce
che siano sfacciate, indomabili
che rompano le regole
che liberino il loro io represso
e che si liberino dalle staffe della carità,
della dipendenza dalle briciole divine.

Me voy pa'l norte

¡Qué no me detengan! ¡Qué nadie se arrepienta!
Qué nadie llore con el olor de tierra mojada
Ni con la madrugada que nos ve salir por el ancho camino

La mañana nos tatúa las costillas
Y yo ya me voy fosforecente
Y vos te quedás una vez más al igual que ayer
Tranquila y apacible por encima
temblorosa y vacía por dentro
Y yo me despido con mi palabra que germina en la garganta
Con un mozote rasgándome el pecho por dentro

La melodía de los gallos me acompaña
Me muero lentamente con cada camisa que doblo
Con cada pantalón que guardo
Ya me voy
Y ya te echo de menos: tus gritos, tus caricias, tus regaños, tu amor,
Todo se queda con vos otra vez.

Me voy del nido de nuevo a un nuevo destino
Como tenguereche arrullado
Como golondrina haciendo invierno
Como el sembrador plantando cal

Me amarraron y me sentaron
Mientras trato de no leerte
El aire se vuelve pesado
El cielo se derrama sobre el mar
Los relojes no paran, el tiempo no para.

I'm Headin' North

Don't hold me back! Nobody regret it!
Nobody cry at the smell of the dampened land
Not even at the dawn that sees us depart through the wide path

Morning tattoos our ribs
And now I am going fluorescent
And you remain once again the same as yesterday
Tranquil and pleasant on the outside
Flickering and empty on the inside
And I say goodbye with the word that germinates in my throat
With a little lad scratching at my chest from inside

The melody of the roosters accompanies me
I die slowly with each shirt I fold
With each pair of pants I keep
Now I'm going
And now I will miss you: your screams, your caresses, your scoldings, your love,
It all remains with you once again.

I'm leaving the nest anew towards a new destiny
Like a lulled basilisk lizard
Like a swallow in the winter
Like a planter sowing lime

They tied me up and sat me down
While I try not to read you
The air gets heavy
The sky spills over the sea
The watches don't stop, time doesn't stop.

H_2O | *Aguacero - Downpour - Carga d'água - Acquazzone*

A CAMINHO DO NORTE

Que ninguém me detenha! Que ninguém se arrependa!
Que ninguém chore com cheiro de terra molhada
Nem com a madrugada que nos vê sair pelo vasto caminho

A manhã nos tatua as costas
E eu já vou fosforescente
E você fica mais uma vez igual a ontem
Tranquila e serena na superfície
temerosa e vazia por dentro
E eu me despeço com uma palavra que brota na garganta
Com um moçoilo me cortando o peito por dentro

A melodia dos galos me acompanha
Morro lentamente com cada camisa que dobro
Com cada calça que guardo
Já vou
E já tenho saudades de você: seus gritos, suas carícias, suas brigas, seu amor,
Tudo fica novamente com você.

Saio do ninho outra vez rumo a um novo destino
Como lagartixa apaixonada
Como andorinha fazendo inverno
Como o semeador que planta cal

Amarraram-me e me fizeram sentar
Enquanto eu tento não te ler
O ar fica pesado
O céu se esparrama sobre o mar
Os relógios não param, o tempo não para.

Me ne vado verso il nord

Che non mi fermino! Che nessuno si penta!
Che nessuno pianga con l'odore di terra agnata
Né con l'alba che ci vede uscire per il largo cammino

La mattina ci tatua le costole
Ed io già divento fosforescente
E tu resti ancora una volta uguale a ieri
Tranquilla e mite addirittura
Tremante e vuota dentro
Ed io mi congedo con la mia parola che germoglia nella mia gola
Con un garzone che mi strappa il petto da dentro

La melodia dei galli mi accompagna
Muoio lentamente con ogni camicia che stropiccio
Con ogni pantalone che conservo
Me ne vado già
E già mi manchi: le tue grida, le tue carezze, i tuoi rimproveri, il tuo amore,
tutto rimane con te un'altra volta.

Me ne vado di nuovo dal nido verso un nuovo destino
Come un basilisco[5] arrotolato
Come una rondine che fa inverno
Come il seminatore che pianta caldo

Mi ormeggiarono e mi fecero sedere
Mentre provo a non leggerti
L'aria diventa pesante
Il cielo si rovescia sul mare
Gli orologi non si fermano, il tempo non si ferma.

---

5 Nei bestiari e nelle leggende greche ed europee, il **basilisco** (dal greco βασιλίσκος *basilískos*, "piccolo re" da βασιλεύς *basiléus*, "re"; in latino *rēgulus*) è una creatura mitologica citata anche come "re dei serpenti", che si narra abbia il potere di uccidere o pietrificare con un solo sguardo diretto negli occhi.

H_2O | *Aguacero - Downpour - Carga d'água - Acquazzone*

Paper or plastic?

El olor a café recién exprimido pasa y queda
Mientras hago fila en el supermercado.

"¡Pero cuánto extranjero!"
—me dije sorprendido

"Have a nice day!"
—me dijo la cajera con intensa sinceridad

Veo a mi alrededor y exclamo en mi cabeza
"¡Pero cuánta rubia!"

Y la sombra de algún peregrino
Me hizo recapacitar
Y a la mitad de la fila
Me doy cuenta en silencio,
—en absoluto silencio—
que el extranjero soy yo.

Paper or plastic?

The smell of just pressed coffee goes by and stays
While I am in line at the supermarket.

"So many foreigners!"
—I tell myself surprisingly—

"Have a nice day!"
—the cashier told me with intense sincerity—

I look around and in my head I exclaim
"So many blondes!"

And the shadow of some traveler
Makes me reconsider
And at the middle of the line
I realize in silence,
—in absolute silence—
that the foreigner is me.

Paper or plastic?

O cheiro do café recém coado passa e fica
Enquanto faço fila no supermercado.

"Mas quanto estrangeiro!"
—pensei comigo mesmo—

"Have a nice day!"
 —disse-me a moça do caixa com muita sinceridade—

Olho ao meu redor e exclamo na minha cabeça
"Mas quanta loira!"

E a sombra de um peregrino
Fez-me reconsiderar
E na metade da fila
Percebo em silêncio,
—em silêncio absoluto—
que o estrangeiro sou eu.

Paper or plastic?

L'odore del caffè appena macinato passa e resta
Mentre faccio la fila al supermercato.

"ma quanto straniero!"
—mi disse sorpreso—

"Have a nice day!"
—mi disse la cassiera con intensa sincerità—

Vedo intorno a me ed esclamo nella mia testa
"Ma quanto biondo!"

E l'ombra di qualche pellegrino
Mi fece riflettere
E a metà fila
Mi rendo conto in silenzio
—in assoluto silenzio—
Che lo straniero sono io.

Cenicienta

La primavera se aproxima cruelmente
engañando a las aves con colores y olores
engañándome
hablándome de mi casa, siendo yo un desterrado

Estos escritos se diluyen como el viento
La *White Christmas* se ennegrece con el lodo
Mi enero se enmudece nadando contra corriente

No estoy en condición de negarme
aunque mi humanidad lo grite bajo las ruinas

La noche se diluye como la luna que se tragó el lago
Y mi sonrisa se desvanecerá en apenas unas horas

Cuento las horas tibias que me restan, cuento los minutos
Los dados conspiran en mi contra, todos blancos
Todos blancos.

Cinderella

Spring cruelly approaches
Deceiving the birds with colors and smells
Deceiving me
Speaking to me of home, me being exiled

These writings are diluted like the wind
The *White Christmas* darkens with mud
My January is hushed
swimming against the current

I'm not in a condition to deny myself
although my humanity screams it to the seven seas

The night is diluted like the moon swallowed by the lake
My smile shall disappear in just a few hours

I count the lukewarm hours that I have left, I count the minutes
The dice conspire against me, all white
All white.

CINDERELA

A primavera se aproxima brutalmente
enganando as aves com cores e cheiros
enganando-me
falando-me da minha casa, sendo eu um desterrado

Estas palavras se vão com o vento
O *White Christmas* se escurece com a lama
Meu janeiro se cala nadando contra a maré

Não estou em condições de me contradizer
mesmo que o meu ser grite aos sete mares

A noite se vai como a lua que engoliu o lago
E o meu sorriso desaparecerá em algumas horas

Conto as horas cálidas que me sobram, conto os minutos
Os dados conspiram contra mim, todos brancos
Todos brancos.

CENERENTOLA

La primavera si avvicina crudelmente
Ingannando gli uccelli con colori e odori
Ingannandomi
Parlandomi della mia casa, essendo io un esiliato

Questi scritti si diluiscono come il vento
La *White Christmas* si annerisce con l'argilla
Il mio gennaio si ammutolisce nuotando contro corrente

Non sono in condizioni di negarmi
Nonostante la mia umanità lo gridi ai sette mari

La notte si diluisce come la luna che inghiottì il lago
E il mio sorriso scomparirà in appena qualche ora

Conto le ore tiepide che mi restano, conto i minuti
I dadi cospirano contro di me, tutti bianchi
Tutti bianchi.

País de la ausencia, extraño país

Que es peligroso
Que no vayás
Que para qué volvés
Que quédate allá
Que acá la cosa está fea.

Vuelvo
Busco los olores de mi infancia
Visito el sótano oscuro del Central
El olor a podredumbre me recuerda a melcochas
Todo me hace un flashback: los frescos de chan, los huevos crudos en los licuados, la zanahoria con naranja, la sopa de patas del Belloso, el mesón inexistente, mi jardín de infancia, mis juegos…

He andado errante
Por estos estratos sociales
Castigados
Compro libros que no leeré
Compro panes que no comeré

Busco manifestaciones
Imagino Molotovs
Huelo lacrimógenas
Trazo buses incendiados
En este paseo proletario

Enajenado
Soy un náufrago
"Con la edad de siempre"
Queriendo volver
      A lo cotidiano
      A lo entrañable
      A la vida o a la muerte.

Country of Absence, Strange Country

I'm telling you,
It is dangerous
Don't you come down
Why would you come back
Stay over there
It's getting ugly over here.

I return
I search for the smells of my infancy
I visit the dark underground of El Central
The smell of decay reminds me of molasses
It all forces a flashback: red lemonades, raw eggs in the
smoothies, carrots with orange, cow's feet stew from Belloso's,
the inexistent old house, the playground of my infancy, my
games...

I have wandered aimlessly
Through these punished
social levels
I buy books I will not read
I buy breads I won't eat

I look for demonstrations
I imagine Molotovs
I smell teargas
I map burning buses
In this proletariat walk
Crazed
I am shipwrecked
"With the Age of Always"
Wanting to return to
      To the quotidian
      To the profound
      To life or to death.

H_2O | *Aguacero - Downpour - Carga d'água - Acquazzone*

País da Ausência, estranho país

Que é perigoso
Que não vas
Que para que voltas
Que fiques por lá
Que aqui a coisa está preta.

Volto
Procuro os aromas da minha infância
Visito o porão escuro do Mercado Central
O cheiro de podre me lembra os doces *melcocha*
Tudo me provoca um flashback: a frescura da chia, os ovos
crus nas vitaminas, a cenoura com laranja, a sopa de batatas
do Belloso, a pousada invisível, meu jardim de infância, meus
jogos...

Estive andando sem direção
Por essas classes sociais
Castigadas
Compro livros que não vou ler
Compro pães que não vou comer

Procuro manifestações
Imagino Molotovs
Respiro os gases lacrimogênios
Risco ônibus incendiados
Nesse passeio proletário

Alienado
Sou um náufrago
"Com a idade de sempre"
Querendo voltar
      À rotina
      À intimidade
      À vida ou à morte.

Paese dell'assenza, paese estraneo

Che è pericoloso
Che tu non debba andarci
Perché tu debba tornarci
Che resta lì
Che qui le cose son brutte.

Torno
Cerco gli odori della mia infanzia
Visito la cantina buia del Central
L'odore di marciume mi ricorda il miele
Tutto mi provoca un flashback: i *fresco de chan*[6], le uova crude nei liquidi, la carote
Con le arance, la *sopa de patas*[7] di Belloso[8], la locanda inesistente, il mio giardino d'infanzia, i mei
Giochi…

Sono andato errante
Per questi strati sociali
Punito
Compro libri che non leggerò
Compro pane che non mangerà

Cerco manifestazioni
Immagino Molotovs
Sento lacrimogeni
Rintraccio autobus incendiati
In questo passeggio proletario

Alienato
Sono un naufrago
"con l'età di sempre"
Che vuole tornare a

---

6 Il *fresco de chan* è una tipica bibita salvadoregna, preparata con semi di *chan,* ossia una pianta della stessa famiglia delle valeriane e simile alla lavanda, zucchero, fragole e limone.
7 La *sopa de patas* è una tipica zuppa di zampe e trippa di mucca.
8 *Belloso* è un mercato famoso per la vendita della *sopa de patas*.

H_2O | *Aguacero - Downpour - Carga d'água - Acquazzone*

Al quotidiano
All'affettuoso
Alla vita o alla morte.

Mis mujeres

Esas
Que dan vida a la vida
Que dejan sus vidas, por dar la vida
Que son mamá y papá por falta de un beso
Que caminan incesantes sin inútiles pretextos para parar
Que prefieren quitarse la tortilla de la boca para alimentarme
Que sudorosas trabajan de sol a sol haciendo petates o vendiendo tomates

Esas
Que rezan para que llueva y para que pare de llover
Que nos cubren para mantenernos secos
Secos, como ropa encogida
Como mi boca llena de agradecimiento

Esas
Que llenan mis venas de alegría
Que me arman de valor
Que hacen palpitar al mar cobarde
A la tierra desierta

Esas
Son mi pueblo
Mi sangre
Mis hermanas
Mis mujeres.

My Women

Those
Who give life to life
Who give up their lives, to give life
Who are mom and pop for lack of a kiss
Who walk incessantly without useless pretexts to stop
Who prefer to take the tortilla from their own mouth to nourish me
Who work sweating from day to day weaving palm leaves or selling tomatoes

Those
Who pray for rain and for it to stop raining
Who cover us to keep us dry
Dry, like shrunken clothing
Like my mouth full of appreciation

Those
Who fill my veins with happiness
Who arm me with courage
Who make the cowardly sea palpitate
In the deserted land

Those
Those are my people
My blood
My sisters
My women.

Minhas mulheres

Essas
Que dão vida à vida
Que deixam suas vidas, para dar vida
Que são mamãe e papai pela ausência de um beijo
Que caminham incessantemente sem pretextos inúteis para parar
Que preferem passar fome para me alimentar
Que suando trabalham de sol a sol fazendo colchas e vendendo tomates

Essas
Que rezam para que chova e para que pare de chover
Que nos agasalham para nos manter secos
Secos, como roupa dobrada
Como a minha boca agradecida

Essas
Que enchem minhas veias de alegria
Que me dão coragem
Que fazem o mar covarde palpitar
Na terra deserta

Essas
São meu povo
Meu sangue
Minhas irmãs
Minhas mulheres.

LE MIE DONNE

Queste
Che danno vita alla vita
Che lasciano le loro vite, per dare la vita
Che sono mamme e papà per mancanza di un bacio
Che camminano incessantemente senza inutili pretesti per fermarsi
Che preferiscono togliersi la frittata dalla bocca per darmi da mangiare
Che sudanti lavorano dall'alba al tramonto costruendo stuoie e vendendo pomodori

Queste
Che pregano affinché piova e affinché smetta di piovere
Che ci coprono per mantenerci asciutti
Asciutti, come i vestiti sgualciti
Come la mia bocca piena di gratitudine

Queste
che riempiono le mie vene di allegria
che mi armano di valore
che fanno palpitare il mare codardo
la terra deserta

queste
sono il mio popolo
il mio sangue
le mie sorelle
le mie donne.

GUACALCHÍA

El ave cantaba
Con un canto atravesado en la garganta
Cantando
Ante la inmensidad del gran lago
La complicidad de la cama de rocas
Y de aquella fogata amenazante

El mundo sigue y el pájaro no calla
Se congela y se incendia
Azotado por tempestades
Amenazado de muerte
Un paso más al precipicio

La noche clara
El cielo sin techo, sin fin
El árbol era su refugio, su pasión, su ilusión

Pero el mundo no es como lo pintan
Le dijeron que cantara
Que después de la tormenta vendría la calma
Que cantara
Que reuniera todas las canciones
Que las cantara sin cesar

Se hizo de noche
Su voz enmudeció
El árbol murió
La ingenuidad nos arropó.

RUFOUS-NAPED WREN

The bird sang
With a piercing song in its throat
Singing
Before the immensity of the great lake
The complicity of the bedrock
And of that threatening bonfire

The world keeps spinning and the bird doesn't hush
It freezes and it burns
Flogged by storms
Threatened by death
One step closer to the precipice

The clear night
The sky without ceiling, without end
The tree was its refuge, its passion, its thrill

But the world is not as it seems
They told it to sing
That after the storm the calm would come
That it should sing
That it should reunite all the songs
That it should sing them all without pause

Night fell
Its voice muted
The tree died
Simple-mindedness sheltered us.

Guacalchía

O pássaro cantava
Com um canto atravessado na garganta
Cantando
Diante da imensidão de um grande lago
Da cumplicidade de uma cama de concreto
E daquela fogueira aterrorizante

O mundo continua e o pássaro não se cala
Congela-se e se incendeia
Chicoteado por tempestades
Ameaçado de morte
Mais um pássaro no precipício

A noite clara
O céu sem teto, sem fim
A árvore era o seu esconderijo, sua paixão, sua ilusão

Mas o mundo não é como pintam
Disseram-lhe que cantasse
Que depois da tempestade viria a calmaria
Que cantasse
Que reunisse todas as canções
Que as cantasse sem parar

Fez-se noite
Sua voz silenciou
A árvore morreu
A ingenuidade nos vestiu.

GUACALCHÍA[9]

L'uccello cantava
Con un canto di traverso nella gola
Cantando
Davanti all'immensità del grande lago
La complicità del letto di pietre
 E di quel falò minaccioso

Il mondo va avanti e l'uccello non smette
Si congela e si brucia
frustato dalle bufere
minacciato di morte
un passo oltre il precipizio

la notte si schiarisce
il cielo senza tetto, senza fine
l'albero era il suo rifugio, la sua passione, la sua illusione

ma il mondo non è come lo dipingono
gli dissero di cantare
che dopo la tempesta sarebbe arrivata la quiete
che cantasse
che unisse tutte le canzoni
che le cantasse senza fermarsi
Venne la notte
La sua voce ammutolì
L'albero morì. L'ingenuità ci coprì.

---

9   Nome tipico di un uccello de El Salvador, il Campylorhynchus rufinucha, conosciuto comunemente con il nome di Scricciolo.

Sobre la Fábula del grillo y el mar

Y el grillo voló y volvió para
Cantarle a la mar
y la mar fingió
Ponerle atención
Y el grillo, pobre grillo
Murió de alucinación
De delirio.

About the Fable of Cricket and the Sea

And the cricket flew and returned to
Sing a song to the sea
And the sea pretended
To pay attention to him
And the cricket, poor cricket
Died from hallucination,
from delusion.

Sobre a fábula do grilo e do mar

E o grilo voou e voltou para
Cantar ao mar
e o mar fingiu
prestar atenção

H_2O | *Aguacero - Downpour - Carga d'água - Acquazzone*

E o grilo, pobre grilo
Morreu de alucinação.

DELLA FAVOLA DEL GRILLO E IL MARE

E il grillo volò e tornò per
Cantarla al mare
E il mare finse
Di prestargli attenzione
E il grillo, povero grillo
Morì di allucinazione.

ÁRBOL DE LA FRUSTRACIÓN

Sus pechos son como dos naranjas Valencia
Firmemente hermoseando su andar
Sus amigas la envidian
Por su caminar.

Ella pasea, las pasea sin cesar
Se rumora
que no le caben en el pecho cuando respira
O cuando corre
O cuando me abraza.

Ella corre, se ríe como bruja, me embruja como bruja
Me pregunto si acaso tiene una gillette
debajo del brasier.

Se balancea, se mueve como el Caribe
Se pasea por el pasillo
Me provoca, me sofoca
Me sueña
Sueña.

Aprieta mi mano
Mientras surca su mirada en mis ojos
Y hunde su blanca negritud en mi negra alma.

TREE OF FRUSTRATION

Her breasts are like two Valencia oranges
Firmly beautifying her stride

Her friends envy her
Every time she walks.

She strolls, strolls them without ceasing
People talk.
They say they don't fit in her chest when she breathes
Or when she runs
Or when she embraces me.

She runs, laughs like a witch, bewitches me like a witch
I ask myself if maybe she has a Gillette
under her bra.

She balances herself, moves like the Caribbean
Strolls down the hallway
She excites me, smothers me
Dreams about me
Dreams.

She squeezes my hand
While her gaze plows through my eyes
And buries her white blackness in my black soul.

ÁRVORE DA FRUSTRAÇÃO

Seus peitos são como duas laranjas Valência
Firmemente embelezando seu andar
Suas amigas têm inveja
Pelo seu caminhar.

Ela passeia, as passeia sem parar
Rumora

que não cabem no peito quando respira
Ou quando corre
Ou quando me abraça.

Ela corre, ri como bruxa, me enfeitiça como bruxa
Pergunto-me se ela por acaso tem uma gilete
Embaixo do sutiã.

Balança, se mexe como o Caribe
Passeia pelo corredor
Provoca-me, me sufoca
Sonha comigo
Sonha.

Aperta a minha mão
Enquanto sulca sua olhada nos meus olhos
E aprofunda sua negritude branca na minha alma negra.

Albero della frustrazione

I suoi seni sono come due arance Valencia
Abbellendo fermamente il loro andare
Le sue amiche la invidiano
Per il suo andare.

Lei passeggia, le porta a spasso senza fermarsi
Si mormora
Che non le stanno nel petto quando respira
O quando corre
O quando mi abbraccia.

H_2O | *Aguacero – Downpour – Carga d'água – Acquazzone*

Lei corre, ride come una strega, mi strega come una strega
Mi chiedo se per caso ha un gilet
Sotto il reggiseno.
Si dondola, si muove come i Caraibi
Passeggia attraverso il passeggio
Mi provoca, mi soffoca
Mi sogna
Sogna.

Stringe la mia mano
Mentre solca il suo sguardo nei miei occhi
E affonda la sua bianca negritudine nella mia anima nera.

Tulipanes y jasmines

Hay un pájaro en un árbol
Canta
Un canto roto y desecho
Desesperado

Amarillo en las alas
Llegaba puntualmente a cantar
Como diciendo
"Heme aquí, te sigo esperando"

Pero su desventura e infortunio
Le hacían ser testigo de aquel árbol
Que albergaba curioso los retozos
De los amantes, los amigos, los caminantes

El árbol se secó
Y con él los amantes, los amigos, los caminantes
Y se llevó al pájaro con él.

Tulips and Jasmines

There is a bird in a tree
Singing
A broken and wasted song
Desperate

Yellow in the wings
It arrived punctually to sing
As if saying

"Here I am, still waiting for you"

But his misfortune and bad luck
Made him the witness of that tree
That curiously harbors the frolicking
Of lovers, friends, wanderers

The tree dried up
And with him the lovers, friends, wanderers
And the bird was swept away with him.

TULIPAS E JASMINS

Há um pássaro numa árvore
Canta
Um canto imperfeito e derrotado
Desesperado

Amarelo nas asas
Chegava pontualmente a cantar
Como que dizendo
"Eis-me aqui, continuo te esperando"

Mas sua desgraça e azar
Faziam-no ser testemunha daquela árvore
Que abrigava curiosamente a brincadeira
Dos apaixonados, dos amigos, dos andarilhos

A árvore secou
E com ela também os apaixonados, os amigos, os andarilhos
E levou consigo o pássaro.

TULIPANI E GELSOMINI

C'è un uccello sull'albero
Canta
Un canto rotto e disfatto
Disperato

Giallo sulle ali
Tornava puntualmente a cantare
Come per dire
"Son qui, continuo ad aspettarti"

Ma la tua disavventura e infortunio
Lo rendevano testimone di quell'albero
Che albergava curioso i saltelli
Degli amanti, gli amici, i camminanti

L'albero si seccò
E con lui gli amanti, gli amici, i camminanti
E si portò con sé l'uccello.

Sombras y llantos

Los buitres vuelan, impunes
Vos dijiste que era un simple sueño
Y quisiste soñar y volar hacia lo desconocido
Aguantando chaparrones y nubarrones

En ese viaje al infinito
Ves la ruta hacia el final, en silencio
Recuerdas los besos mojados en tu soledad
Escuchas los ecos de aquel "te quiero"
Nubes negras te sacuden los pensamientos

Hete hoy
Descubriendo esa verdad oculta en la verdad
Esa mentira llena de versos en sí misma
Sin poder revivir la amistad

Y hoy
Duele
Te hundes
La soledad hiere,
Lastima y no sana
Te mata y te aniquila
Te incinera y se suicida.

Shadows and Sobs

The vultures fly, without punishment
You said it was a simple dream

And you wanted to dream and fly toward the unknown
Enduring showers and storm clouds

In that trip to the infinite
You see the way to the end, in silence
You remember the soaking kisses in your solitude
You hear the distant echoes of "I love you"
Black clouds shake your thoughts

Here you are today
Discovering that hidden truth in the truth
That lie full of verses in itself
Without being able to relive a friendship

And today
It hurts
You sink
Solitude wounds,
Damages and does not cure
Kills you and annihilates you
Burns you up and kills itself.

Sombras e prantos

Os urubus voam, livres
Tu disseste que era apenas um sonho
E quiseste sonhar e voar em direção ao desconhecido
Aguentando aguaceiros e temporais

Nessa viagem ao infinito
Vês o fim do caminho, em silêncio
Lembras os beijos molhados na tua solidão

H_2O | *Aguacero – Downpour – Carga d'água – Acquazzone*

Escutas os ecos daquele "te amo"
Nuvens negras sacodem teus pensamentos

Hoje vou
Descobrindo essa verdade oculta na verdade
Essa mentira cheia de versos em si mesma
Sem poder reviver a amizade

E hoje
Dói
Afundas
A solidão fere,
Machuca e não cura
Mata e acaba contigo
Queima e se suicida.

OMBRE E PIANTI

Gli avvoltoi volano, impuni
Mi dicesti che era un semplice sogno
E volesti sognare e sognare verso l'ignoto
Afferrando acquazzoni e tempeste

In questo viaggio all'infinito
Vedi il cammino verso la fine, in silenzio
Ricorda i baci bagnati nella tua solitudine
Ascolti le eco di quel "ti amo"
Nuvole nere ti scuotono i pensieri

Eccomi oggi
Scoprendo questa verità nascosta nella verità

Questa menzogna piena di versi in se stessa
Senza poter rivivere l'amicizia

E oggi
Fa male
Ti inonda
La solitudine ferisce
Fa male e non guarisce
Ti uccide e ti annichilisce
Ti incenerisce e si suicida.

ARMONÍA

Escucho a Cerati y me dice
Que el amor cruza por el puente
Y desde este puente
Me pregunto si los ríos fueran carreteras
¿Nos llevarían sin rumbo?

Alguien me ve
Y todo se vuelve negro
Y la lluvia moja hasta la muerte

Hay un niño que grita al otro lado del puente
Buscando ser amado
Pero la calle está desierta y el diablo no usa puentes

Al otro lado de la calle
Alguien me saluda con una botella de 1792 en la mano
El camino está desierto, hasta el infinito
Abro el libro de Benedetti y lo cierro inmediatamente
Es inútil cruzar el puente.
Es inútil nadar.

Regreso a casa, nadie me esperaba.
Nadie sabe de mí, no tengo ni perro que me ladre.
Nadie me bautizó, nadie me confesó, nadie me esperó.

Me siento a la orilla de la chimenea
La alimento con la leña
Nadie me vio. Nadie me enterró.
Y mis cenizas se esparcieron con el viento.

HARMONY

I listen to Cerati and he tells me
That love crosses over the bridge
And from that bridge
I ask myself if rivers were highways
Would they carry us aimlessly?

Someone sees me
And everything turns black
And the rain soaks to the bone

There is a boy that screams from the other side of the bridge
Looking to be loved
But the street is deserted and the devil does not use bridges

From the other side of the street
Someone greets me with a bottle of 1792 in hand
The pathway is deserted, to infinity
I open my book by Benedetti and I immediately close it
There is no point to cross the bridge.
There's no point to even swim.

I return to my house, no one waited for me.
No one knows about me, I don't even have a dog to bark at me.
No one baptized me, no one led me to confession, no one waited for me.

I sit at the shore of my chimney
I feed it firewood
No one saw me. No one laid me to rest.
And my ashes dispersed with the wind.

HARMONIA

Escuto a Cerati e me diz
Que o amor atravessa pela ponte
E a partir dessa ponte
pergunto se os rios foram estradas
Poderiam nos levar sem direção?

Alguém me vê
E tudo fica escuro
E a chuva molha até à morte
Há um menino que grita do outro lado da ponte
Procurando ser amado
Mas a rua está deserta e o diabo não usa pontes

Do outro lado da rua
Alguém me cumprimenta com uma garrafa de 1792 na mão
O caminho está deserto até o infinito
Abro o meu livro de Benedetti e fecho-o imediatamente
É inútil atravessar a ponte.
É inútil nadar.

Volto à minha casa, mas ninguém me esperava.
Ninguém sabe de mim, não tenho cachorro para latir para mim.
Ninguém me batizou, ninguém fez minha confissão, ninguém me esperou.

Sento-me ao lado da chaminé
Ponho lenha nela
Ninguém me viu. Ninguém percebeu.
E as minhas cinzas se foram com o vento.

Armonia

Ascolto Cerati[10] e mi dice
Che l'amore attraversa per il ponte
E da questo ponte
Mi chiedo se i fiumi fossero strade
Ci avrebbero condotto senza rotta?
Qualcuno mi vede
E tutto diventa nero
E la pioggia bagna addirittura la morte

C'è un bambino che grida all'altro lato del ponte
Cercando di essere amato
Ma la strada è deserta e il diavolo non utilizza ponti
Dall'altro lato della strada
Qualcuno mi saluta con una bottiglia del 1792 in mano
La strada è deserta, fino all'infinito
Apro il mio libro di Benedetti e lo chiudo immediatamente
È inutile attraversare il ponte.
È inutile nuotare.

Torno a casa mia, nessuno mi aspettava.
Nessuno sa di me, non ho nemmeno un cane che mi abbai.
Nessuno mi battezzò, nessuno mi confessò, nessuno mi aspettò.
Mi siedo sull'orlo del mio camino
Lo alimento con la legna
Nessuno mi vide. Nessuno mi sotterrò.
E le mie ceneri si sparsero con il vento.

---

10 **Gustavo Adrián Cerati** (Buenos Aires, 11 agosto 1959 – Buenos Aires 4 settembre 2014) è stato un cantante argentino. Durante gli anni '80 e '90 ha fatto parte del gruppo rock argentino Soda Stereo insieme a Charly Alberti e Zeta Bosio, per poi proseguire la carriera come solista. Era conosciuto per la sua abilità negli assolo di chitarra.

Porvenir

> "O servimos a la vida de los salvadoreños o somos cómplices de su muerte"

Mi país
Es un país donde no pasa nada
Donde "los payasos dan vía y los policías dan risa"
Donde se celebran los fracasos como pasos al triunfo
Donde las leyes se crean a partir de la ira
Donde los ciegos admiran la inmensidad del mar
Mientras los perros que se caen de la mudanza *naiden* los reclama
Y encuentran vida para rehacer sus vidas

Mi país es un país
Donde el pudor de los victorianos es evidente
Donde la religión y la fe no se cuestionan –*enque naiden* lea la Biblia–
porque la ciencia es de Lucifer.

Aquí solo se leen biografías pues no hay que contaminar el espíritu
con cosas del mundo, de la ficción, de lo irreal
Aquí es donde las noches de pecado se confiesan –*enque seiga* un ratito–
con la buena memoria los domingos.

Las bocanadas de moralidad áspera lamen las heridas que nunca sanan
Y ya no tengo tiempo. Y me apuro.
Y siento los ojos de mi país encima de mis hombros.

Mi ruda alma pide sosiego mientras mi país se nubla sin fin
Y las gotas de septiembre no calman mi desespero

Es mejor olvidar
Es mejor orinarse en mi silencio y sacarle el dedo a mi país,
que es mío.

FUTURE

> "Either we serve Salvadoran life or we are complicit in their death."
> M.R.

My country
Is a country where nothing happens
Where clowns serve and protect and the police makes us laugh
Where failures are celebrated as steps to triumph
Where laws are created from ire
Where the blind admire the immensity of the sea
Where no one looks for the dogs that fall from the moving truck
And they find life in order to remake their lives

My country is a country
Where the modesty of the Victorians is evident
Where religion and faith aren't questioned —even when no one reads the Bible—
Because science comes from Lucifer.

Here biographies are only read since one mustn't contaminate the spirit with issues of the world, of fiction, of the unreal
Here is where sinful nights are confessed – during a brief moment–
with fondness on Sundays.

The puffs of abrupt morality lick the wounds that never heal
And now I don't have time. And I hurry.
And I feel the eyes of my country on my shoulders.

My rude soul asks for calm while my country endlessly clouds up
And the September drops don't calm my despair
It is better to forget
It is better to piss yourself in my silence and give my middle finger to my country,
that is mine.

O PORVIR

> "Ou servimos a vida dos salvadorenhos ou somos cúmplices da sua morte"
> MR

Meu país
É um país onde nada acontece
Onde os palhaços são guias e os policiais riem
Onde se comemoram os fracassos como passos ao triunfo
Onde as leis são criadas a partir do ódio
Onde os cegos admiram a imensidão do mar
Enquanto os cachorros que se perdem na mudança não são procurados por ninguém
E encontram forças para refazer suas vidas

Meu país é um país
Onde o pudor dos vitorianos é evidente
Onde a religião e a fé não são questionadas – onde ninguém lê

a Bíblia –
porque a ciência é de Lúcifer.

Aqui só são lidas biografias porque não há que contaminar o
espírito com coisas do mundo, da ficção, do irreal
Aqui é o lugar onde as noites de pecado são confessadas –
mesmo que seja um pouquinho–
com a boa memória dos domingos.

As baforadas de moralidade áspera lambem as feridas que
nunca saram
E já não tenho tempo. E me apresso.
E sinto os olhos do meu país em cima dos meus ombros.

Minha alma dura pede sossêgo enquanto o meu país vai se
escurecendo
E as gotas de setembro não me acalmam o desespero
É melhor esquecer
É melhor urinar no silêncio e mostrar o dedo ao meu país,
que é meu.

AVVENIRE

> "o serviamo alla vita dei salvadoregni o siamo
> complici della sua morte"
> MR

Il mio paese
È un paese dove non succede nulla
Dove i pagliacci stanno per strada e i poliziotti fanno ridere
Dove si festeggiano i fallimenti come passi verso il trionfo

Dove le leggi si creano partendo dall'ira
Dove i ciechi ammirano l'immensità del mare
Mentre i cani vittime dei cambiamenti nessuno li reclama
E trovano vita per rifarsi le loro vite

Il mio paese è un paese
Dove il pudore dei vittoriani è evidente
Dove la religione e la fede discutono- in quanto nessuno legge la Bibbia-
Sul perché la scienza sia di Lucifero.

Solo qui si leggono biografie perché non si contamini lo spirito con le cose del mondo, della
Finzione, dell'irreale
Qui è dove le notti di peccato si confessano- purché siano di un momento-
Con buona memoria le domenica.

I bocconi di moralità ruvida leccano le ferite che non sanano mai
E non ho più tempo. E mi svuoto.
E sento gli occhi del mio paese sulle mie spalle.

La mia anima grezza chiede quiete mentre il mio paese si annuvola senza fine
E le gocce di settembre non calmano il mio sconforto
È meglio dimenticare
È meglio urinare nel mio silenzio e mostrargli il dito al mio paese,
che è mio.

XLIII

Amanezco inquieto.
Me muero de sed
No conozco a nadie
Nadie me conoce ni le importa
Nadie se da cuenta de mi condición
Me destruyeron como el mar a las rocas a la orilla del gran lago

El verano ha muerto, lentamente
El otoño ha caído, le apedrearon los vitrales
Lo oscurecieron en el silencio siniestro de la sociedad

Cayó el otoño
Junto a sus hojas, junto a sus hijos
Con sus hijos
Sus hijos
Hijos e hijas
Que no conocerán a sus hijos
Ni educarán a los míos
Porque el otoño se los llevó.

¿Caídos?
No.
Los sacudieron hasta la saciedad
Los desaparecieron hasta la muerte.

Tengo sed, tengo náuseas
El dolor fermenta el aire y lo hace pesado
Los cristales caídos me cortan los pies desnudos.

Los cuerpos.
Esas bolsas.
Las osamentas.
Un naufragio.

H_2O | *Aguacero - Downpour - Carga d'água - Acquazzone*

Porque ahí el día de los muertos es todos los días.
Y ahí los servidores públicos no sirven, se sirven, se nutren de este fango,
se alimentan de los escombros.

Porque aquí cae la noche opaca y sin sabor.
Así como ayer, así como el martes, así como cada noche
en esta triste eternidad inerte que no molesta a nadie.

Sin que nadie se entere,
Pues la gente pasa de prisa
Como la brisa
En este otoño.

XLIII

I awake uneasy.
I am dying of thirst
I don't know anyone
No one knows me nor do they care
No one notices my condition
They destroyed me like the sea to the rocks at the shores of the great lake

Summer has died, slowly
Fall has fallen, with its stained glass stoned
They blackened it in society's sinister silence

Fall fell
Along with its leaves, along with its children
With its children
Its children

Sons and daughters
Who will not meet their children
Nor educate mine
Because fall took them away.

Fallen?
No.
They were shaken to death
They were disappeared forever.

I am thirsty, I am nauseous
Pain ferments the air and makes it heavy
The fallen crystals cut my naked feet.

The bodies.
Those bags.
The bones.
A shipwreck.

Because over there the Day of the Dead is every day.
And over there public servants don't serve, they serve themselves, they feed off the mire, they nourish themselves with the debris.

Because here the opaque night falls and without flavor.
Like yesterday, like Tuesday, like each night in this sad, inert eternity that doesn't bother anyone.

Without anyone noticing,
Because people go by in a hurry
Like the breeze
In this fall.

H_2O | *Aguacero - Downpour - Carga d'água - Acquazzone*

XLIII

Amanheço aflito
Morro de sede
Não conheço ninguém
Ninguém me conhece nem se importa comigo
Ninguém desconfia da minha condição
Destruíram-me como o mar as pedras à beira do grande lago

O verão se foi, lentamente
O outono sucumbiu, apedrejaram seus vitrais
Escureceram-no no silêncio sinistro da sociedade

Sucumbiu o outono
Junto das suas folhas, junto dos seus filhos
Com seus filhos
Seus filhos
Filhos e filhas
Que não conhecerão seus filhos
Nem educarão os meus
Porque o outono os levou.

Sucumbidos?
Não.
Sacudiram-los até se satisfazerem
Desapareceram com eles até a morte.

Tenho sede, tenho enjoos
A dor azeda o ar e o faz pesado
Os cristais caídos me cortam os pés descalços.

Os corpos.
Essas bolsas.
O esqueleto.
Um naufrágio.

Porque lá o dia dos mortos é todos os dias.
E lá os funcionários públicos não servem, se servem, se
alimentam do lodo, se alimentam dos restos.

Porque aqui cai a noite opaca e sem sabor.
Assim com ontem, assim como na terça-feira, assim como
todas as noites nesta eternidade triste e inerte que não
incomoda ninguém.

Sem que ninguém perceba,
Pois as pessoas passam depressa
Como a brisa
No outono.

XLIII

Albeggio inquieto.
Mi muoio di sete
Non conosco nessuno
Nessuno mi conosce né gli importa
Nessuno si rende conto della mia condizione
Mi distrussero come il mare distrugge le rocce sulla riva del
gran lago

L'estate è morta, lentamente
L'autunno è caduto, gli lapidarono le finestre
Lo scurirono nel silenzio sinistro della società

Cadde l'autunno
insieme alle sue foglie, insieme ai suoi figli
con i suoi figli
i suoi figli

figli e figlie
che non conosceranno i loro figli
né educheranno i miei
perché l'autunno se li portò via.

Caduti?
No.
Li strinsero all'infinito
Li fecero scomparire fino alla morte.
Ho sete, ho la nausea
Il dolore fermenta l'aria e la rende pesante
I vetri caduti mi tagliano i piedi nudi.

I corpi.
Questi sacchi.
Gli scheletri.
Un naufragio.

Perché lì il giorno dei morti è tutti i giorni.
E lì i servitori pubblici non servono, se servono, si nutrono di questo fango, si alimentano delle
Macerie.

Perché qui scende la notte opaca e senza sapore.
Così come ieri, così come martedì, così come ogni notte in questa triste eternità inerte che non
Dà fastidio a nessuno.

Senza che nessuno si renda conto,
perché la gente passa in fretta
come la brezza
in questo autunno.

TOLERANCIA

(para leerse con voz de narrador de fútbol)

Caminamos
Al margen del camino
De la mano
De manera franca

A veces frenamos,
De primera intención
Se viene el cambio y sangro
Producto de la caricia
En nuestro campo húmedo y caluroso

Saco la libretita que me regaló en Lisboa
Comienzo a apuntar y meto miedo
Me proyecto bien, en velocidad, gran combinación
Me despejo bien, al contragolpe, me apresuro

Manoseo terrible
Mi contragolpe es desalmado
Aviento un ladrillazo y lo reviento, me apresuro
Vos atacás, yo defiendo
Das ventaja
Hay novedades
Evito un ataque lateral
El amor se interpone, sin pifias
Despejamos en el fondo
Con delicadeza
Un servicio quirúrgico
Que se vuelve canción
Y de su boca brota la prudencia
Y me embosca con sus flechas

H_2O | *Aguacero ~ Downpour ~ Carga d'água ~ Acquazzone*

Y funciona,
Porque el amor no se tolera,
Se comparte.

TOLERANCE

(to be read in a sports' commentator voice)

We walk
Along the path's edge
Holding hands
In a frank way

At times we stop,
Intentionally
Tactical change and I bleed
Product of the caress
In our hot and humid field

I take out the booklet she gave me in Lisbon
I begin to take notes and I put in fear
I project myself well, quickly, great combination
I clear my mind well, at the counter-attack, I hurry up

I interfere with her pass, terrible idea
My counter-attack is heartless
I kick it and blow it, I hurry up
You attack, I defend
You give up the advantage
There are novelties
I avoid a lateral attack
Love gets in between, without mistakes

We clear it up in the end
Delicately
A surgical service
It becomes a song, it becomes a poem
And from her mouth prudence sprouts
And ambushes me with her arrows

And it works,
Because love doesn't need to be tolerated,
It must be shared.

TOLERÂNCIA

(a ser lida em voz de comentador de futebol)

Caminhamos
À margem do caminho
De mãos dadas
Espontaneamente

As vezes nos contemos,
Na primeira intenção
Se começa uma mudança ou sangramento
Resultado do carinho
No nosso lugar húmido e quente

Pego o livrinho que ganhei de presente em Lisboa
Começo a anotar e assusto
Lanço-me bem, com velocidade, com boa coordenação
Desinibo-me bem, no ataque, acelero

H_2O | *Aguacero – Downpour – Carga d'água – Acquazzone*

Manuseio terrivelmente
Meu ataque é impiedoso
Atiro um ladrilho e o arrebento, acelero
Você ataca, eu defendo
Me dá vantagem
Há novidades
Evito um ataque lateral
O amor entra no meio, sem erros
Desinibimo-nos no fundo
Com delicadeza
Um serviço de cirurgião
Que se transforma em canção
E da sua boca nasce o juízo
Que cria uma armadilha com suas flechas

Funciona,
Porque o amor não se aguenta,
se compartilha.

TOLLERANZA

(da leggere con la voce di commentatore di calccio)

Camminiamo
Al margine della strada
Della corsia
Francamente

A volte freniamo,
di primo proposito
arriva il cambiamento e sanguino

prodotto della carezza
nella nostra campagna umida e calorosa

Caccio il librettino che mi regalò a Lisbona
Inizio ad appuntare e incuto paura
Mi proietto bene, in velocità,grande combinazione
Mi libero bene, al contraccolpo, accelero

Palpamento terribile
Il mio contraccolpo è malvagio
Lancio un mattone e lo scoppio, accelero
Tu attacchi, io difendo
Dai il vantaggio
Ci sono novità
Evito un attacco laterale
L'amore si interpone, senza steccare
Sgombriamo in fondo
Con delicatezza
Un'operazione chirurgica
Che diventa canzone
E dalla sua bocca germoglia la prudenza
E mi tende un'imboscata con le sue frecce

E funziona,
perché l'amore non si tollera,
si condivide.

Luna de tentación

La noche ha vencido
La lluvia se ha ido
El silencio ha llegado
Los grillos han saltado a la tarima llena de estrellas.

La luna entra, parte el bosque en dos y se impone
Cortando cerros, nubes y al mismo azul
Los volcanes se agachan
Y le hacen reverencia.

Moon of Temptation

Night has won
Rain has left
Silence has come
The crickets have jumped to the star-filled stage

The moon enters, splits the forest in two and imposes herself
Cutting hills, clouds, and even the blue
The volcanoes bow
And revere her.

LUA DE TENTAÇÃO

A noite chegou ao fim
A chuva se foi
O silêncio chegou
Os grilos saltaram o tablado cheio de estrelas.

A lua entra, divide o bosque em dois e marca sua presença
Separando montanhas, nuvens e o mesmo azul
Os vulcões se encolhem
E fazem reverência.

LUNA DI TENTAZIONE

La notte ha vinto
La pioggia è andata via
Il silenzio è arrivato
I grilli sono saltatati su una piattaforma piena di stelle.

La luna entra, divide il bosco in due e si impone
Tagliando colline, nuvole e lo stesso azzurro
I vulcani si inchinano
E le fanno riverenza.

Mar de gente

Como presa está
Como un barco de papel
En una noche lluviosa.

Se aleja de todo, de todos
Pero en este recinto
Sin ventanas está, sin alma.

Regresa de la iglesia
Mastica sus ideas homicidas
Con rienda suelta al remordimiento olvidando los mandamientos
Miente, finge, se destruye.

Y ella
En este mar de gente
Le nace la comezón por capturar naciones
Con sus coquetas intenciones
Para echarnos a los leones
Y seguir contando estrellas
Engrandeciendo su universo, minimizando el mío
Escupe al sol que nace y lo insulta
Y mañana será igual que hoy.

Y no tiene perdón
Hoy
Yo
Ya
No tengo mañana.

SEA OF PEOPLE

Like a prisoner he is
Like a paper boat
During a rainy night.

He moves away from all, from everyone
But in this corner
It is windowless, without soul.

It returns from church
Chewing on its homicidal ideas
With free rein for remorse
forgetting the commandments
He lies, pretends, self-destructs.

And she
In this sea of people
She feels the itch to capture nations
With flirty intentions
So she can throw us to the lions
And continue counting stars
Enlarging her universe, minimizing mine
She spits at the rising sun and insults it
And tomorrow will be the same as today.

And she has no excuse
Today
I
Already
Have no tomorrow.

Mar de gente

Como caça está
Como um barco de papel
Numa noite chuvosa.

Afasta-se de tudo, de todos
Mas neste ambiente
Sem janelas está, sem alma.

Volta da igreja
Rumina suas ideias assassinas
Com rédea solta ao remorso esquecendo os mandamentos
Mente, finje, se destrói.

E ela
Nesse mar de gente
Nasce o desejo de conquistar nações
Com suas intenções oferecidas
Para nos jogar aos leões
E continuar contando estrelas
Engrandecendo o seu universo, diminuindo o meu
Cospe no sol que nasce e o ofende
E amanhã será igual a hoje.

E não tem perdão
Hoje
Eu
Já
Não tenho amanhã.

Mare di gente

Come una presa sta
Come una barca di carta
In una note piovosa.

Si allontana di tutto, di tutti
Ma in questo recinto senza finestre sta, senza anima.

Torna dalla chiesa
Mastica le sue idee omicide
Con le briglia sciolte al rimorso dimenticando I comandamenti
Mente, finge, si distrugge.

E lei
In questo mare di gente
Le nasce il prurito di conquistare nazioni
Con le sue galanti intenzioni
Per scacciare i leoni
E continuare contando le stelle
Ingrandendo il suo universo, rimpicciolendo il mio
Sputai al sole che nasce e lo insulta
E domani sarà uguale ad oggi.

E non ha perdono
Oggi
Io
non ho più
un domani.

H_2O | *Aguacero - Downpour - Carga d'água - Acquazzone*

TEMBLANDO DE FRÍO

La nieve cae y apuñala de blanco
A esos árboles que perdieron la magia
Amenazados por la locura
Sin oponer resistencia.

Me acerco y le arranco una rama
Como arrancarle el orgullo
A quien no tiene nada que perder
A quien le cierran la frontera
Cuando está a punto de cruzarla.

Regreso con mi presea
La nieve se despenica con cada paso
Adentro, se derrite con el calor que la sofoca
Afuera, hay una docena de personas llevándose
Las ramas restantes.

La nieve sigue
Mi árbol cayó en combate
No contra la nieve
Sino contra las hachas y dientes eléctricos
De los humanos que muestran su prepotencia.

TREMBLING FROM COLD

The snow falls and white stabs
Those trees that lost their magic
Threatened by madness
Without putting up a resistance.

I get closer and I yank off a branch
Like yanking the pride
Of someone who has nothing to lose
Of someone to whom the border is closed
Just when they are at the point of crossing it.

I return with my prize
The snow crumbles with each step
Inside, it melts with the suffocating heat
Outside, there are a dozen people carrying
The rest of the branches.

The snow goes on
My tree fell in combat
Not opposing the snow
Rather opposing axes and chainsaws
And the arrogance of us, the humans.

TREMENDO DE FRIO

A neve cai e deixa tudo branco
Estas árvores que perderam sua magia
Ameaçadas pela loucura
Sem oferecer resistência.

Chego perto e arranco um galho
Como se arrancasse o orgulho
De quem não tem nada a perder
De quem é barrado na fronteira
Quando está prestes a cruzá-la.

H_2O | *Aguacero – Downpour – Carga d'água – Acquazzone*

Volto com o meu tesouro
A neve se despedaça com cada passo
Dentro, se derrete com o calor que a sufoca
Fora, há uma dúzia de pessoas que levam
Os galhos que sobram.

A neve continua
Minha árvore tombou em combate
Não contra a neve
Mas contra os machados e motoserras
E a nossa prepotência, a dos humanos.

TREMANDO DI FREDDO

La neve cade e pugnala di bianco
Questi alberi che persero la magia
Minacciati dalla pazzia
Senza opporre resistenza.

Mi avvicino e gli sradico un ramo
Come per sradicare l'orgoglio
A chi non ha nulla da perdere
A quelli a cui chiudono le frontier
Giusto nel momento in cui provano ad attraversarla.

Torno con il mio gioiello
La neve si sminuzza ad ogni passo
Dentro, si scioglie con il calore che la soffoca
Fuori, vi è una dodicina di persone che si portan via
I rami restanti

La neve continua

Il mio albero cadde in Guerra
Non contro la neve
Bensì contro asce e motosega
E la prepotenza di noi, gli umani.

Amor de padre

Le cuento a Mauricio que mi hermano tiene 4 hijos.
–ay mano, ¡él si es un mulo! ¡Qué campeón tu hermano!
Y te digo, yo tengo dos, y los quiero… pero solo porque son
mis hijos, porque te digo…

Father's Love

I tell Mauricio that my brother has 4 children.
–Oh man, he's a stud! Your brother's a champ!
And I tell ya, I have two, and I love them… but only because
they my children, because I'm tellin ya…

Amor de pai

Conto a Maurício que meu irmão tem 4 filhos.
—ah mano, ele sim que é um burro! Que campeão é o teu irmão!
Eu te conto que tenho dois, e os amo... mas só porque são meus filhos, e porque estou te contando...

Amore di padre

Racconto a Mauricio che mio fratello ha 4 anni.
—lui sì che è un mulo! Che campione tuo fratello!
Te lo dico, io ne ho due, e li amo…ma solo perchè sono miei figli, perchè te lo dico…

MI FRAGILIDAD INMENSA

Lo efímero de mi soberbia
No envejece y aunque palidezco
Se mantiene viva
Pernoctando plegarias
Ahora y en la hora de nuestra muerte
Amén.

MY IMMENSE FRAGILITY

The ephemeral part of my arrogance
Doesn't age and although I get pallid
It remains lively
Spending the night with prayers
Now and in the hour of our death
Amen.

Minha fragilidade imensa

O efêmero da minha soberbia
Não envelhece, e mesmo quando eu me empalideço
Mantém-se viva
Fazendo orações
Agora e na hora da nossa morte
Amém.

La mia fragilità immensa

L'effimero della mia superbia
Non invecchia e nonostante impallidisco
Si mantiene viva
Pernottando preghiere
Ora e nell'ora della nostra morte
Amen.

H_2O | *Aguacero - Downpour - Carga d'água - Acquazzone*

Día descomunal

En la monstruosidad del silencio
Que no va a ninguna parte
Oigo el alarido de mis sueños al crepitar, destilando veneno

Me produce el lunes
Gigantesco dolor
Tal cual agua en el sartén
O la sal ardiendo en la lava al bajar

El viernes llegará
Llegará y apagará mi dolor profundo
Mi sombra abnegada.

Roaring Day

In the monstrosity of silence
That doesn't go anywhere
I hear the shriek of my dreams upon crackling, distilling venom

Monday delivers
Gigantic pain to me
Just like water in the frying pan
Or salt burning in the lava as it goes down

Friday will come
It will come and snuff out my profound pain
My denied shadow.

Dia excepcional

Na monstruosidade do silêncio
Que não vai a lugar nenhum
Ouço o berreiro dos meus sonhos a estalar, destilando veneno

A segunda-feira me causa
Uma dor gigantesca
Como água na frigideira
Ou o sal queimando na lava ao cair

A sexta-feira chegará
Chegará e apagará minha dor profunda
Minha sombra desinteressada.

Giorno smisurato

Nella mostruosità del silenzio
Che non va da nessuna parte
Sento l'urlo dei miei sogni che scoppiettano, distillando veleno

Mi produce il lunedì
Un gigantesco dolore
Così come l'acqua nella padella
O il sale che arde nella lava che cola

Il venerdì arriverà
Arriverà e spegnerà il mio profondo dolore
La mia ombra negata.

Decadencia

Hugo dice que las uvas
No saben a uvas
Y me acuerdo de las aspirinitas
Con sabor a uva
Que me robaba de la casa de mi tía.
Elena dice que saben a chicle
De esos tóxicos
Pero que sabe más a nostalgia,
Y eso, eso sabe muy rico.

Decadence

Hugo says that the grapes
Do not taste like grapes
And I am reminded of the tiny
grape-flavored aspirins
That I would steal from my aunt's house
Elena says that they taste like gum
The toxic kind
But that it tastes more like nostalgia
And that tastes delicious.

Decadência

Hugo diz que as uvas
Não têm gosto de uva
E me lembro das aspirinas
Com gosto de uva
Que roubava da casa da minha tia.
Elena diz que têm gosto de chiclete
Desses tóxicos
Mas que têm mais gosto de saudade
e a saudade é muito saborosa.

Decadenza

Hugo dice che l'uva
Non sa di uva
E mi ricordo delle aspirine
Al sapore d'uva
Che rubavo dalla casa di mia zia.
Elena dice che sanno di chewingum
Di questi tossici
però sa più di nostalgia
E questo è molto buono.

Pasión enajenada

(A la muchacha ebria de Efraín Huerta)

Desperté a su lado sin saber cómo
Éramos amigos conocidos como se conoce el árbol de la casa:
Está ahí pero muy pocas veces lo reconocemos.

En aquel domingo invernal
La ventana media abierta dejaba entrar al sol que acariciaba su sensible piel canela
El silencio de la mañana olía a tierra mojada
Y el olor a café parecía que inundaba a tres manzanas a la redonda
Y vi el sol brillar en la mariposa que arropaba su espalda baja
Con tal simetría egipcia.

No puedo, tengo novio —me susurró mientras me besaba con fervor—
Mis pupilas acariciaban sus curvas mientras derretían los restos de pudor
Y su respiración se agitaba bajo las sábanas, y respirábamos entre el sudor
más rápido y más corto y más
Incendiariamente.

De habernos conocido antes
Otra historia de otros amantes
Escribiríamos
No la nuestra,
No la nuestra.

El sol mañanero fue nuestro cómplice,
Nos vio desnudos y nos vio vestirnos
Y brilló en sus rojos cabellos que formaban caracoles

Cayendo como cascadas
En algún jardín colgante lejos de Babilonia.

CRAZED PASSION

(To the inebriated girl of Efraín Huerta)

I awoke at her side not knowing how
We were well-acquainted friends like one knows the tree outside their house:
It's there but very rarely do we recognize it.

On that winter Sunday
The half-opened window let in the sun that caressed your sensitive cinnamon skin
The silence of the morning smelled of soaked earth
And the smell of coffee inundated three blocks around us
And I saw the sun shine on the butterfly that sheltered her lower back
With such Egyptian symmetry.

I can't, I have a boyfriend —she murmured while she fervently kissed me—
My pupils caressed her curves while melting whatever modesty she had left
And her breathing rustled under the sheets, and we breathed between the sweat faster and shorter and more
Incendiarily.

Having met each other earlier
Another story of other lovers

We would write
Not our own,
Not ours.

The early rising sun was our accomplice,
It saw us naked and saw us get dressed
And it shined on her red hairs that formed seashells
Falling like sea shells
In some Babylonian hanging garden.

Paixão louca

(À menina bêbada de Efraín Huerta)

Acordei ao seu lado sem saber como
Éramos amigos conhecidos como se conhece a árvore de uma casa:
Está lá mas poucas vezes a notamos.

Naquele domingo de inverno
A janela meio aberta deixava o sol entrar acariciando a sua pele sensível de cor canela
O silêncio da manhã tinha cheiro de terra molhada
E o cheiro de café parecia que alcançava três quarteirões
E vi o sol brilhar na mariposa que agasalhava suas pequenas costas
Com tamanha simetria egípcia.

Não posso, tenho namorado –cochichou enquanto me beijava vigorosamente
Minhas pupilas acariciavam suas curvas enquanto derretiam os

restos de pudor
E a sua respiração se alterava embaixo dos lençóis,
e respirávamos menos e mais rápido em meio ao suor, e mais
Intensamente.

Se nos houvéssemos conhecido antes
Outra história de outros amantes
Escreveríamos
Não a nossa,
Não a nossa.

O sol da manhã foi nosso cúmplice,
Viu-nos nus e vestidos
E brilhou nos seus cabelos ruivos encaracolados
Que caíam como cascatas
Em algum jardim suspenso longe da Babilônia.

PASSIONE ALIENATE

(alla ragazza ubriaca di Efraín Huerta)

Mi svegliai al suo lato senza sapere come
Eravamo amici conoscenti come si conosce l'albero della casa:
Sta lì ma poche volte lo riconosciamo.

In quella domenica invernale
La finestra mezza aperta lasciava entrare il sole che accarezzava
la sua sensibile pelle canella
Il silenzio della mattina sapeva di terra umida
E l'odore di caffè sembrava inondasse tre mele lì dei dintorni

E vidi il sole brillare sulla farfalla che vestiva la sua spalla bassa
Con tanta simmetria egizia.

Non posso, ho un fidanzato –mi sussurrò mentre mi baciava con fervor-
Le mie pupille accarezzavano le sue curve mentre scioglievano
I resti del pudore
E la sua respirazione si agitava sotto le lenzuola, e respiravamo tra il sudore più veloce e più
Corto e più
Focosamente.

Di esserci conosciuti prima
Di altra storia di altri amanti
Scriveremmo
Non la nostra,
Non la nostra.
Il sole del mattino fu nostro complice,
Ci vide nudi e ci vide vestirci
E brillò nei suoi rossi capelli che formavano chiocciole
Cadendo come cascate
In qualche giardino pendente lontano di Babil.

Caer

Esta noche es la primera noche.
Es como volver a nacer,
como despertar de un sueño soñado
Sin merecerlo.

Esta noche es la primera noche
Donde el ave que estaba perdida
y sin rumbo
Ya encontró un mundo, un nido.

Esta noche es la noche
Cuando mi viaje alrededor de tu isla comienzo cuando comienzo
a descubrir tus *águas de março*.

Esta noche es la noche
Donde la luna brilla solo para dos
para darnos vida
Una nueva vida.

Y a ver si la noche nos deja que respiremos el mismo aire
Yo tu aire
Tú el mío
Yo contigo.

Falling

Tonight is the first night.
It is like being born again,

like waking in a dreamt dream
Without deserving it.

Tonight is the first night
Where the bird that was lost
and aimless
Just found a world, a nest.

Tonight is the night
When my trip around your island begins
when I begin
to discover your águas de março.

Tonight is the night
Where the moon shines for two
to give us life
A new life.

And let's see if the night lets us breathe the same air

I your air
You mine
I with you.

CAIR

Esta noite é a primeira noite.
É como voltar a nascer,
como acordar de um sonho já sonhado
Sem merecer.

Esta noite é a primeira noite
Onde o pássaro que estava perdido
e sem direção
Já encontrou um mundo, um ninho.

Esta é a noite
Quando minha viagem ao teu redor começa quando começo
a encontrar tuas águas de março.

Esta noite é a noite
Onde a lua brilha só pra nós
para nos dar vida
Uma vida nova.

Vamos ver se a noite nos permite respirar o mesmo ar
Eu o teu ar
Você o meu
Eu com você.

CADERE

Questa notte è la prima notte.
È come tornare a nascere,
Come svegliarsi da un sogno sognato
Senza meritarlo.

Questa notte è la prima notte
Dove l'uccello che sperduto
E senza strada
Incontrò un mondo, un nido.

H_2O | *Aguacero - Downpour - Carga d'água - Acquazzone*

Questa è la notte
In cui il mio viaggio intorno alla tua isola inizio quando inizio
A scoprire la tua águas de março.

Questa è la notte
In cui la luna brilla solo per due
Per darci vita
Una nuova vita.

E vediamo se la notte ci lascia respirare la stessa aria

Io la tua aria
Tu la mia
Io con te.

Atormentado Inundado

Afiliado a la soledad del ocaso
En este aguacero perpetuo
Enredándome en la telaraña de tu tiempo
tapando estos poemas con la *cachaça* como tinta
que funciona mejor que la tinta de mis venas.

Aquí hay agua. Hay fuego. Hay cenizas.
Y estos elementos son perjudiciales para los que tienen corazones débiles
O como los corazones de las Fridas
Agonizando en las noches que me hacen llorar con el humo del puro cubano que me regaló Kate
El final de cada historia no pudo ser como lo pensaba Pessoa,
Al final, el destino lo escribió otro y no yo.

Tormented Inundated

Affiliated with the twilight's solitude

In this perpetual downpour

Tangling myself up in the web of your time
covering up these poems with *cachaça* like ink
that functions better than the ink of my veins.

Here there's water. There's fire. There are ashes.
And these elements are detrimental for those with weak hearts

H₂0 | Aguacero - Downpour - Carga d'água - Acquazzone

Or like the hearts of the Fridas
Agonizing during the nights that make me cry with the smoke
of the Cuban cigar that Kate gave me

The end of each story could not be like Pessoa thought it,
At the end, destiny was written by another and not I.

Atormentado Inundado

Junto à solidão do acaso
Neste aguaceiro sem fim
Emaranhado na teia de aranha do teu tempo
tampando estes poemas com a cachaça como tinta
que funciona melhor que a tinta das minhas veias.

Aqui tem água. Fogo. Cinzas.
E estes elementos são prejudiciais para aqueles com corações
debilitados
Ou como os corações das Fridas
Morrendo nas noites que me fazem chorar
com a fumaça do charuto cubano que Kate me deu
No final de cada história não posso ser como pensava Pessoa,
A final, o destino foi escrito por outra pessoa, não eu.

TORMENTATO SOMMERSO

Affiliato alla solitudine del tramonto

In questo temporale perpetuo

Impigliandomi nella ragnatela del tuo tempo
Concludendo queste poesie con la *cachaça*[11] come inchiostro
Che funziona meglio dell'inchiostro delle mie vene.

Qui c'è dell'acqua. C'è fuoco. C'è cenere.
E questi elementi sono dannosi per chi ha cuori deboli

O come i cuori delle due Frida
Agonizzando nelle notti che mi fanno piangere con il fumo del puro cubano che mi regalò Kate

La fine di ogni storia non poté essere come la immaginava Pessoa,
alla fine, il destino lo scrisse un altro e non io.

---

11 *Ibidem* nota 3

ENAJENADO

Soy un náufrago
"Con la edad de siempre"
Queriendo volver a lo cotidiano,
A lo entrañable,
A la vida o a la muerte.

Mi inmensa fragilidad aumenta
Mi efímera soberbia me delata
Me envejece me palidece

Y se mantiene viva
Pernoctando al borde del ocaso
Ahora y en la hora de nuestra muerte.

Amén.

CRAZED

I am a shipwreck
"With the age of always"
Wanting to return to the usual,
To the profound,
To life or to death.

My immense fragility increases
My ephemeral hubris betrays me
Makes me older, turns me pale.

And it stays alive
Spending the night at the edge of the twilight
Now and at the hour of our death.

Alienado

Sou um náufrago
"Com a idade de sempre"
Que quer voltar ao dia-a-dia,
À intimidade,
À vida ou à morte.

Minha gigantesca fragilidade aumenta
Meu orgulho passageiro me denuncia
Me envelhece me empalidece

E se mantém viva
Pernoitando à margem do acaso
Agora e na hora da nossa morte.

Amém.

Alienato

Sono un naufrago
"con l'età di sempre"
Volendo tornare al quotidiano,

H_2O | Aguacero – Downpour – Carga d'água – Acquazzone

all'affettuoso,
alla vita o alla morte.

La mia immensa fragilità aumenta
La mia effimera superbia mi denuncia
Mi invecchia mi impallidisce

E si mantiene viva
Pernottando sul bordo del tramonto
Ora e nell'ora della nostra morte.

Amen.

Volcán venenoso

Cuando la hombría te rebalsa
Y te cede el macho
La honestidad te requiere

Cuando tu yo con fragilidad te dice
A tu tú que hay que atar los fragmentos
y despedazar lo que escamas a tu yo le hace
Y deshojar el árbol de la incertidumbre:

¡Bebe!
Bebe incasablemente.
Bebe del elixir
Que te haga soñar que sueñas

Con el capricho

De no haberla

Conocido

Nunca.

Poisonous Volcano

When manhood overflows you
And the macho ceases
Honesty requires you

When your fragile self tells
Your you that you must tie the fragments
and tear apart what gives scales to your I
and strips the leaves off the tree of uncertainty:

Drink!
Drink tirelessly.
Drink from the elixir
That can make you dream that you're dreaming
About the unmet craving
Of not having
Known her
Ever.

VULCÃO VENENOSO

Quando a hombridade te corrompe
E te faz macho
A honestidade suplica

Quando o teu eu com delicadeza diz
Ao teu tu que é preciso juntar os pedaços
e despedaçar as cismas que fazem ao teu eu
E despir a árvore da incerteza:

Bebe!
Bebe sem parar.
Bebe aguardente
Para fazer de conta que sonhas

Com o capricho
De nunca

A ter
Conhecido.

VULCANO VELENOSO

Quando la virilità straripa
E ti si arrende il maschio
L'onestà ti intima

Quando il tuo io con fragilità ti dice
A tu per tu che devi unire i frammenti
E spezzare ciò che le squame al tuo io fanno
E spogliare l'albero della incertezza:

bevi!
Bevi incessantemente.
Bevi l'elisir
Che ti faccia sognare di sognare

Con il capriccio

Di non averla

Conosciuta

Mai.

Pecado

Odio, amor, desamor, desprecio, odio, rechazo, silencio jadeante, sudor.

Sin

Hate, love, indifference, disdain, hate, rejection, panting silence, sweat.

Pecado

Ódio, amor, desdém, desprezo, ódio, repúdio, silêncio ofegante, suor.

Peccato

Odio, amore, disamore, disprezzo, odio, rifiuto, silenzio ansimante, sudore.

Te quiero

Quiero tus labios,
tu boca loca tu mirada azucarada
cada sabor que impregnas en mi piel al besar...
Ese sabor de lujuria y deseo.

Quiero tus dientes
que se entrelazan con los míos
en una danza con la lengua.

Quiero tus ojos
esos que me hacen decir que sos
mi ruta babilónica, mi cómplice del tiempo.

Quiero tus besos esos
besos que paralizan mi jornada y conjuran
de un soplo mi mirada para perderla en vos.

Quiero tus vocales sin sentido
Tus sentidos sin palabras
Tus palabras con misterio
Tu misterio con el silencio que enciende
Mi puñado de estrellas como flores testigos
de nuestro delirio de amor que dormía.

I Want All of You

I want your lips,
your crazy mouth your sweet look
each flavor that you impregnate in my skin upon kissing...
that flavor of lust and desire.

I want your teeth
that get entangled with mine
in a dance with the tongue.

I want your eyes
Those that make me say that you're
my Babylonian route, my accomplice of time.

I want your kisses, those
kisses that paralyze my day and conjure
in a blow my sight to lose it in you.

I want your senseless vowels
Your senses without words
Your words with mystery
Your mystery with the silence that lights
My fistful of stars like
flowers witnessing our delirium of love
that was sleeping.

TE AMO

Desejo teus lábios,
tua boca louca, teu olhar açucarado
cada sabor que penetra minha pele ao beijar...
Esse sabor de luxúria e desejo.

Desejo teus dentes
que se confundem com os meus
numa dança com a língua.

Desejo teus olhos
esses que me fazem dizer que és
minha rota babilônica, meu cúmplice do tempo.

Desejo teus beijos
esses beijos que interrompem minha trajetória e conquistam
de súbito meu olhar que se perde em ti.
Desejo tuas vogais sem sentido
Teus sentidos sem palavras
Tuas palavras misteriosas
Teu mistério com o silêncio que provoca
Meu punhado de estrelas como flores testemunhas
do nosso delírio de amor que dormia.

TI AMO

Amo le tue labbra,
la tua bocca pazza il tuo sguardo zuccherato
ogni sapore che impregni nella mia belle al baciarti…
questo sapore di lussuria e desiderio.

Amo i tuoi denti
Che si intrecciano con i miei
In una danza con la lingua.

Amo i tuoi occhi
Quelli che mi fanno dire che sei
Il mio cammino di Babilonia, il mio complice del tempo.

Amo i tuoi baci quei
Baci che paralizzano la mia giornata e cospirano
D'un soffio il mio sguardo per perderlo in te.

H_2O | *Aguacero – Downpour – Carga d'água – Acquazzone*

Amo le tue vocali senza senso

I tuoi sensi senza parole
Le tue parole di mistero
Il tuo mistero con il silenzio che incendia
Il mio pugno di stelle come fiori testimoni
Del nostro delirio d'amore che dormiva.

Nelson López Rojas

La niña que se enamoró

Estaba allí la niña
Aquella que se enamoró de lo prohibido de lo inusual, de lo desconocido,
de lo desconocido.

He allí la niña
Aquella niña que queriendo conocer más de lo conocido,
queriendo vivir más rápido que la vida,
y que queriendo descubrir los misterios del más allá,
arriesgóse para al fin conocer lo que anhelaba
a un viaje a lo desconocido
a lo desconocido.

He ahí la mujer
Que siempre anheló ser amada
Y quien aún abriga en su alma lastimada
La esperanza de encontrar
el eco del amor que tanto buscaba.

The Girl That Fell in Love

There was the girl
The one who fell in love with the forbidden
the unusual, the unknown
the unknown.

Behold the girl
That girl that, wanting to know more than what's known,
wanting to live faster than life,

wanting to discover the mysteries of the beyond,
took a chance to at last know what she longed for
a trip to the unknown
to the unknown

Behold a woman
Who always longed to be loved
And who still shelters in her damaged soul
The hope of encountering
The echo of love for which she searched for so much.

A MENINA QUE SE APAIXONOU

A menina estava lá
Aquela que se apaixonou do proibido do inusitado, do desconhecido,
do desconhecido.

Lá está a menina
Aquela menina que queria conhecer mais do que o conhecido,
que queria viver mais rápido que a vida,
que queria descobrir os mistérios do além,
se arriscou para conhecer o que desejava
numa viagem ao desconhecido
ao desconhecido.

Lá está a mulher
Que sempre desejou ser amada
E que ainda guarda na sua alma machucada
A esperança de encontrar
o eco do amor que tanto procurava.

La bimba che si innamorò

Stave lì la bimba
Quella che si innamorò del proibito dell'insolito, dello sconosciuto,
Dello sconosciuto.

Eccola la bimba
Quella bimba che volendo conoscere più del conosciuto,
Volendo vivere più veloce della vita,
E che volendo scoprire I misteri dell'al di là,
Rischiò per infine conoscere ciò che desiderava
Un viaggio verso lo sconosciuto
Lo sconosciuto.

Eccola la donna
Che sempre desiderò essere amata
E che ancora porta nella sua anima ferita
La speranza di incontrare
L'eco dell'amore che tanto cercava.

H_2O | Aguacero - Downpour - Carga d'água - Acquazzone

EL HOMBRE QUE SE VE

Quizá su ilusión ha quedado plasmada en ese paisaje
tan blanco como las nubes, tan pálido como su alma
Pero tan frío
como sus manos al saber la noticia.
Y no lloró, pues los hombres no lloran.
Sonrió.
Aunque detrás haya un hombre susceptible a los sentimientos y
emociones o decepciones;
un hombre que llora mientras las ardillas se cagan de la risa
en los árboles de los parques;
un hombre que escribe los versos más tristes del mundo
al ver que su amor por el mundo se derrumba a pocos.

THE MAN YOU SEE

Maybe his delusion has remained captured in that landscape
so white like the clouds, so pallid like his soul
But so cold
Like his hands upon finding out the news.
And he didn't cry, since men don't cry.
He smiled.
Although behind there might be a man susceptible to the
sentiments and
emotions or deceptions;
a man that cries while squirrels die laughing
in the park trees;
a man who writes the saddest verses of the world
upon seeing that his love for the world
slowly collapses.

O homem que se vê

Talvez sua ilusão tenha ficado estampada nessa paisagem
tão branca como as nuvens, tão pálida como sua alma
Mas tão fria
como suas mãos ao saber da notícia.
E não chorou, porque os homens não choram.
Sorriu.
Apesar de atrás haver um homem suscetível aos sentimentos e
emoções ou decepções;
um homem que chora enquanto os esquilos se matam de rir
nas árvores dos parques;
um homem que escreve os versos mais tristes do mundo
quando vê que seu amor pelo mundo se esgota para poucos.

L'uomo che si vede

Chissà che illusion ha lasciato plasmata in questo paesaggio
Tanto bianco quanto le nuvole, tanto pallid quanto la sua anima
Ma tanto freddo
Quanto le sue mani al sapere della notizia.
E non pianse, poichè gli uomini non piangono.
Sorrise.
Nonostante dietro ci fosse un uomo suscettibile ai sentimenti ed
Emozioni o delusion;
Un uomo che piange mentre gli scoiattoli si scompisciano dalle risate
Tra gli alberi dei parchi;
Un uomo che scrive I versi più tristi del mondo
Nel vedere che il suo amore per il mondo che precipita poco a poco.

Un día sin sol

>A Carlos Drummond de Andrade
>*Quero*
>*Quero que todos os dias do ano*
>*todos os dias da vida*
>*de meia em meia hora*
>*de 5 em 5 minutos*
>*me digas: Eu te amo.*
>CDA

Ya nada es igual, ya no se puede ocultar lo irrefutable.
Cuando vos no estás aquí
Mi vida es como una minuta sin hielo
O como una limonada sin azúcar
O como un mango sin alguashte
O como el cielo sin estrellas

Ya nada tiene valor
Ni el sol da su calor
Ni las estrellas reflejan su brillo
Ni las rosas blancas manifiestan su hermosura.

Las noches sin luna no dan su calma
El día sin sol no proporciona su brillo

Porque al fin y al cabo, un día sin brillo y sin sol
es como una noche.

A Day without Sun

> To Carlos Drummond de Andrade
> I want
> *I want that each day of the year*
> *each day of life*
> *every half hour*
> *every 5 minutes*
> *I want you to tell me: I love you.*
> CDA

Now nothing is the same, now I can't hide what's irrefutable.
When you are not here
My life is like a slushy without ice
Or like a lemonade without sugar

Or like a mango without *alguashte*
Or like a sky without stars

Now nothing is worth it
Nor does the sun give off heat
Nor do the stars reflect their sparkle
Nor do the white roses manifest their beauty.

The moonless nights don't share their calm
The day without a sun doesn't supply its sparkle

Because in the end, a day without sparkle and without sun
Is like a night.

H_2O | *Aguacero - Downpour - Carga d'água - Acquazzone*

UM DIA SEM SOL

> A Carlos Drummond de Andrade
> *Quero*
> *Quero que todos os dias do ano*
> *todos os dias da vida*
> *de meia em meia hora*
> *de 5 em 5 minutos*
> *me digas: Eu te amo.*
> *CDA*

Já nada é igual, já não é possível esconder o que é incontestável.
Quando não você não está aqui
Minha vida é como uma raspadinha sem gelo
Ou como uma limonada sem açúcar

Ou como nega maluca sem chocolate
Ou como o céu sem estrelas

Nada mais vale a pena
Nem o sol esquenta
Nem as estrelas brilham
Nem as rosas brancas mostram sua beleza.

As noites sem lua já não acalmam
O dia sem sol não proporciona seu brilho.

Porque no final, um dia sem brilho e sem sol
é como a noite.

Un giorno senza sole

> A Carlos Drummond di Andrade
> *Quero*
> *Quero que todos os dias do ano*
> *Todos os dias da vida*
> *De meia em meia hora*
> *De 5 em 5 minutos*
> *Me digas: Eu tea mo.*
> CDA

Più nulla è uguale, non si può più nascondere l'irrefutabile.
Quando tu non sei qui
La mia vita è come una granita senza ghiaccio
O come una limonata senza zucchero

O come un mango senza *alguashte*[12]
O come il cielo senza stele

Nulla ha più valore
Nè il sole da calore
Nè le stele riflettono la sua luce
Nè le rose bianche manifestano la loro bellezza.
Le notti senza luna non trasmettono serenità
Il giorno senza sole non procura la sua luce
Perchè dopo tutto, un giorno senza luce e senza sole
È come una notte.

---

12 **Alguashte** è una spezia in polvere, condimento tipico della gastronomia de El Salvador, prodotto dai semini dell' *ayote* (una specie di zucca) e utilizzata nella cucina dolce o salata. Molto spesso utilizzata per condire frutta.

Confusión

La noche oscura,
el cielo gris,
la tarde ha muerto. Ha muerto así como mueren los valientes,
esperando a su enemigo.

La lluvia cae,
las estrellas se esconden,
el cielo se abre e ilumina los árboles.
Se abre
y lo hace para dar vida.

Mi mente vuela, vulnerablemente…
vuela y llega hasta ti,
y aún más allá…
y recorre tu historia y la mía

Recoge lo vivido con regocijo
pues reconoce tu ausencia
tu ausencia que confunde y entristece

Tu presencia que alegra pero confunde aún más.
Te veo.
Te admiro.
Te contemplo con los ojos del niño
quien rebosa de alegría al poder ver el globo que tanto quiere
pero no lo tiene.

Te reparo con cariño,
incapaz de decirte lo que mi invierno se ha llevado.
Abandonado,
Desesperado,
Desquiciado,
Enamorado quizá
Más bien confuso.

Confusion

The dark night,
the grey sky,
the afternoon has died. It has died just like the brave,
awaiting their enemy.

The rain falls,
the stars hide
the sky opens up and illuminates the trees.
It opens
and does so to give life.

My mind races, vulnerably…
races and arrives at you,
and further still…
and traverses your history and mine

It gathers what's lived with delight
since it recognizes your absence
your confounding and saddening absence

Your presence that pleases but confounds even more.
I see you.
I admire you.
I contemplate you with the eyes of a child
who spills over with joy at the sight of a balloon they want so much
but don't have.

Confusão

A noite escura,
o céu cinzento,
a tarde chegou ao fim. Morreu assim como morrem os heróis,
esperando seu inimigo.

A chuva cai,
as estrelas se escondem,
o céu se abre e ilumina as árvores.
Se abre
e assim o faz para dar vida.

Minha mente voa, vulnerável...
voa e chega até ti,
e mais além...
e percorre a tua história e a minha

Recolhe o que vivemos com alegria
pois reconhece a tua ausência
tua ausência que confunde e entristece

Tua presença que alegra mas confunde mais ainda.
Te vejo.
Te admiro.
Te contemplo com olhos de menino
que se enche de alegria ao poder ver o balão que quer tanto
mas não tem.

Te observo com carinho,
incapaz de te dizer o que o inverno me levou.
Abandonado,
Desesperado,
Louco,
Apaixonado talvez
Mas completamente desorientado.

CONFUSIONE

La notte oscura,
Il cielo grigio,
Il pomeriggio è morto. È morto così come muoiono i valorosi,
Aspettando il loro nemico.

La pioggia cade,
Le stele si nascondono,
Il cielo si apre e illumine gli alberi.
Si apre
E lo fa per dare vita.

La mia mente vola, vulnerabilmente...
Vola e arriva fino a te,
E persino più in la...
E percorre la tua storia e la mia

Raccoglie il vissuto con gioia
Poichè riconosce la tua assenza che confonde e intristisce

La tua presenza che rallegra ma confonde ancor di più.
Ti vedo.
Ti ammiro.
Ti contemplo con gli occhi del bambino
Colui che straborda di allegria al poter vedere la palla che tanto vuole
Ma non la possiede.

Ti riparo con affetto,
Incapace di dirti quello che il mio inverno ha portato con sè.

Abbandonato,
Disperato,
Turbato,
Inamorato forse
Piuttosto confuso.

Tormenta

Dicen que después de la tormenta siempre la calma viene
Eso no siempre es cierto.
Después de la tormenta
    Vienen rayos,
    Truenos,
    U otra tormenta.

Storm

They say that the calm always comes after the storm
That's not always for certain
After the storm
    Come lightning
    Thunder
    Or another storm.

Tempestade

Dizem que depois da tempestade sempre vem a calmaria
Isso não é verdade.
Depois da tempestade
    Vêm os raios,
    Trovões,
      Ou outra tempestade.

Tempesta

Dicono che dopo la tempesta arriva sempre la quiete
Questo non è sempre sicuro.
Dopo la tempest
    Arrivano lampi,
    Tuoni,
      O un'altra tempesta.

H_2O | *Aguacero - Downpour - Carga d'água - Acquazzone*

NADA SERÁ IGUAL

¿Cómo podré soportarlo?
Tú te vas
A un lugar muy lejano
Te marchas.

Quizás para siempre
Dejando mi desierto sin agua
Mi sótano sin luz
Mi vida sin vida.

Será difícil encontrar otra razón
Por la cual soñar por las noches
Y abrigar una esperanza
Y vivir una ilusión.

Solo quedará tu recuerdo en mi imaginación
Al pensar en tu caudal de sonrisas
En tu mirada inocente
En tus labios de miel
Y en la vida vivida.

NOTHINGNESS

How will I deal with it?
You are leaving
To a faraway place
You're clearing out.

Maybe forever
Leaving my desert without water
My basement without light
My life lifeless.

It will be hard to find any other reason
For which to dream at night
And to cherish a hope
And to live an illusion.

Only your memory will remain in my imagination
When thinking about your wealth of smiles
About your innocent gaze
About your honeyed lips
About the life lived.

Nada

Como poderei aguentar?
Você se vai
A um lugar muito longe
Vai embora.

Talvez para sempre
Deixando meu deserto sem água
Meu porão sem luz
Minha vida sem vida.

Vai ser difícil encontrar outra razão
Pela qual sonhar de noite
E guardar uma esperança
E viver uma ilusão.

Só ficará tua lembrança na minha imaginação
Ao pensar na tua abundância de sorrisos
No teu olhar inocente
Nos teus lábios de mel
E na vida vivida.

NULLA SARÀ

Come potrei sopportarlo?
Tu te ne vai
In un posto molto lontano
Te ne vai.

Forse per sempre
Lasciando il mio deserto senza acqua
La mia cantina senza luce
La mia vita senza vita.

Sarà difficile trovare un'altra ragione
Per la quale sognare durante le notti
E proteggere una speranza
e vivere un'illusione.

Solo resterà il tuo ricordo nella mia immaginazione
Pensandoal tuo fiume di sorrisi
Al tuo sguardo innocente

Alle tue labbra al miele
E alla vita vissuta.

Tiempo

Es tarde ya,
La noche se ha marchado
No veo a nadie
Solamente a la mañana después del
frío.

Volando alto sin parar
Pues este vuelo me llevará a ver la luz
Esa luz que ilumina mis ojos, mi mente, mi suerte.
Esa luz que resplandecerá por un largo camino y me
mantendrá por mi destino.

Regreso a tierra,
Es muy temprano aún,
El amanecer aún duerme y ni siquiera sueña en despertar
Veo al cielo,
No veo a nadie.

Las estrellas se esconden al advertir mi presencia.
¿O es acaso que mi inconsciencia las ahuyenta?
No se pueden coger todas a una.
Es más, ni aún puedo tener una
cuando alguna vez allá arriba
las tuve todas a una y jamás quise a ninguna.

No hay más flores.
No hay más frutos.
No hay más vida.

No importan las pisadas abandonadas en mi corazón
No importa mi voz quebrantada
No importa lo frío de la mañana
No importa el silencio
No, no importa.

Y cuando el silencio me grita
Y la esperanza se ahuyenta
Y no entiendo ya nada
Y todo carece de sentido
Y todo parece inexistente
Y la certidumbre se esfuma...
Nada importa pues,
Es tarde ya.

Es tarde ya,
Vainas, sólo vainas quedan
Vainas donde en mi verano hubo hermosos jardines
Vainas, sólo vainas de Magnolias,
es tarde ya.

TIME

It is late now,
The night has moved on
I don't see anyone
Only the morning after the
Cold.

Flying high without stopping
This flight will take me to see the light
That light that illuminates my eyes, my mind, my luck.
That light that will shine along the long path and will keep me along my destination.

I come back to earth,
It is still early,
Daybreak is still sleeping and it doesn't even dream of waking

I see the sky,
I don't see anyone
The stars hide upon noting my presence
Or maybe it is that my unconsciousness chases them away?
They can't all be caught at once.
What's more, I can't even have one
When one time up there
I had them all at once and didn't even want one.

There are no more flowers.
There's no more fruit.
There's no more life.

The abandoned footsteps in my heart don't matter
My shattered voice doesn't matter
The cold of the morning doesn't matter
The silence doesn't matter
No, nothing else matters.

And when the silence screams at me
And hope is shooed away
And I no longer understand anything
And nothing makes sense
And it all seems nonexistent
And certainty vanishes…
Well nothing else matters,
It's late now.

It's late now,
Husks, only husks remain
Husks where in my summer there were once beautiful gardens
Husks, only Magnolia husks,
it's late now.

H_2O | *Aguacero - Downpour - Carga d'água - Acquazzone*

TEMPO

Já é tarde,
A noite se foi
Não vejo ninguém
Só a manhã depois do
frio.

Voando alto sem parar
Pois este voo me levará a ver a luz
Essa luz que ilumina meus olhos, minha mente, minha sorte.
Essa luz que resplandecerá por um longo caminho e me
manterá em meu destino.

Volto à terra,
É muito cedo ainda,
O amanhecer ainda dorme e nem sequer sonha em acordar
Olho para o céu,
Não vejo ninguém.

As estrelas se escondem ao notar minha presença.
Ou é por acaso que a minha inconsciência as espanta?
Não se pode pegar todas.
Além disso, nem posso ter uma
quando uma vez lá em cima
tive todas e nunca quis nenhuma.

Já não há flores.
Já não há frutos.
Já não há vida.

Não importam as pegadas abandonadas no meu coração
Não importa minha voz quebrantada
Não importa o frio da manhã
Não importa o silêncio
Não, não importa.

E quando o silêncio grita comigo
E se perde a esperança
E já não entendo mais nada
E tudo precisa de um significado
E tudo parece imaginário
E a certeza acaba...
Nada mais importa,
Já é tarde.

Já é tarde,
Bobagens, só sobram as bobagens
Bobagens onde em meu verão houveram jardins formosos
Bobagens, só bobagens de Magnólias,
já é tarde.

TEMPO

È tardi già,
La notte se ne sta andando
Non vedo nessuno
Soltanto la mattina dopo il
Freddo.

Volando alto senza fermarsi
Perchè questo volo mi porterà a vedere la luce
Quella luce che illumina i miei occhi, la mia mente, la mia sorte.
Quella luce che risplenderà per un lungo cammino e mi conserverà per il mio destino.

Torno a terra,
È ancora molto presto,

H_2O | *Aguacero - Downpour - Carga d'água - Acquazzone*

L'alba ancora dorme o almeno sogna ad occhi aperti
Vedo il cielo,
Non vedo nessuno.
Le stele si nascondono nell'avvertire la mia presenza.
O è il mio inconscio che le spinge?
Non si possono raccogliere tutte insieme.
È in più, nemmeno ne posso evere una
Quando qualche volta lassù
Le ebbi tutte insieme e forse non ne volevo nessuna.
Non ci sono più fiori.
Non ci sono più frutti.
Non c'è più vita.
Non importano le impronte abbandonate nel mio cuore
Non importa la mia voce rotta
Non import ail freddo del mattino
Non import ail silenzio
No, non importa.
E quando il silenzio mi urla
E la speranza si mette in fuga
E non capisco più nulla
E tutto è privo di senso
E tutto sembra inesistente
E le certezze sfumano...
Nulla importa allora,
È già tardi.

È già tardi,
Involucri, solo involucri restano
Involucri dove nella mia estate ebbi bellissimi giardini
Involucri, solo involucri di Magnolie,
È già tardi.

La soledad de la desconfiada

Nunca confió
O quizá confió de más.

Al dormir despierta pensando
En lo que pudiera acontecer
Y regresa desconfiando de todo… de todos.

Su vida ya sin él
Se perturbaba pensando cómo sería
Imaginando que se acabaría
Desconfiando de lo que creyó poseer.

Y ahora está sola
Sola por desconfiar de su futuro
Sola por no creer en su presente
Sola por desconfiar de la soledad.

Solitude of the Distrustful

She never trusted
Or perhaps trusted too much.

When sleeping she woke thinking
About what could happen
And she returns to mistrusting everything… everyone.
Her life now without him
Was perturbed thinking about how it would be
Imagining that it would end
Mistrusting what she thought she had.

And now she's alone
Alone for mistrusting her future
Alone for not believing in her present
Alone mistrusting solitude.

A SOLIDÃO DA DESCONFIADA

Nunca confiou
Ou talvez tenha confiado demais.

Ao dormir acorda pensando
No que poderia acontecer
E volta desconfiando de tudo... de todos.

Sua vida já sem ele
Incomodava pensando como seria
Imaginando se acabaria
Desconfiando do que pensou possuir.

E agora está sozinha
Sozinha por desconfiar do seu futuro
Sozinha por não acreditar no presente
Sozinha por desconfiar da solidão.

LA SOLITUDINE DELLA DIFFIDENZA

Mai si fidò
O forse si fidò troppo.

A letto sveglia pensando
A quel che poteva succedere
E ritorna a diffidare di tutto…di tutti.

La sua vita senza di lui già
Si perturbava pensando come sarebbe
Immaginare che finirebbe
A diffidare di ciò che credeva di possedere.

Ed ora sta sola
Sola per diffidare del suo future
Sola per non credere nel suo presente
Sola per diffidare della solitudine.

INCOMPRENSIÓN

¿Por qué hace tanto calor después de haber llovido tanto?
¿Por qué se está cansado de tanto descansar?
¿Por qué los ríos buscan otros cauces y no los propios?
¿Por qué te pienso tanto si sé que no existes?

Es este juego en mi mente que me perturba
Es su imagen que me enloquece
Es su sonrisa que me conquista
Es ella, aunque no exista.

Pues este es un juego
que amenaza mi cordura
un juego mental
un juego absurdo
un juego donde se juega con o sin reglas
... sin reglas, principalmente
un juego donde se juega a ganar o a perder
... a perder, principalmente.

Ella está en mi mente
Y me llena de pánico

Él está en tu mente
Tan solo un juego y nada más...

MISUNDERSTOOD

Why is it so hot after having rained so much?
Why is it tiring after so much resting?

Why do rivers search for other riverbeds and not their own?
Why do I think of you so much if I know you don't exist?

It's this game in my mind that perturbs me
It's her image that drives me crazy
It's her smile that conquers me
It's her, although she does not exist.

But this is a game
that threatens my sanity
a mental game
an absurd game
a game where you play with or without rules
… without rules, mostly
a game where you play to win or to lose
… to lose, mostly.

She is in my head
And fills me with panic
Just a game and nothing more…

Incompreensão

Por que faz tanto calor depois de chover tanto?
Por que ficamos cansados depois de tanto descansar?
Por que os rios procuram outros leitos e não os seus próprios?
Por que penso tanto em ti se não existes?

É este jogo na minha mente que me perturba
É a tua imagem que me enlouquece
É o teu sorriso que me conquista
É ela, mesmo sem existir.

H_2O | *Aguacero - Downpour - Carga d'água - Acquazzone*

Porque este é um jogo
que ameaça meu juízo
um jogo mental
um jogo absurdo
um jogo onde se joga com ou sem regras
... sem regras, principalmente
um jogo onde se joga para ganhar ou para perder
... para perder principalmente

Ela está na minha mente
E me enche de pânico

Ele está na tua mente
Tão somente um jogo e nada mais...

INCOMPRENSIONE

Perchè fa tanto caldo dopo aver piovuto così tanto?
Perchè ci si stanca di tanto riposo?
Perchè I fiumi cercano altri letti e non i propri?
Perchè ti penso tanto se so che non esisti?

È questo gioco nella mia mente che mi turbava
È la sua imagine che mi fa impazzire
È il suo sorriso che mi conquista
È lei, nonostante non esista.

Perchè questo è un gioco
Che minaccia il mio buon senso
Un gioco mentale
Un gioco assurdo
Un gioco dove si gioca con o senza regole

...senza regole, fondamentalmente
Un gioco dove si gioca a vincere o a perdere
...a perdere, fondamentalmente.

Lei sta nella mia mente
E mi riempie dip aura

Lui sta nella tua mente
Così solo un gioco e nulla più...

Firmamento

Siempre ha estado allí
Con su espléndida carretera de estrellas
Con su inmensa perfección que opaca al oro más reluciente,
Es un espejo que me inspira con su grandeza.

Lo veo.
Lo veo pero no como aquel astrólogo quien lo observa por obligación
Lo veo pero no como aquel filósofo quien trata de descifrar lo inexplicable
Lo veo pero no como aquel religioso quien quiere acortar los días para estar allá.

Lo veo.
Pero lo veo con humildad. Como el más sencillo de los hombres
Lo contemplo en una de esas noches claras y serenas…
En una de esas noches llenas de soledad
Dándole las buenas noches a la presentadora de noticias y a la luna cariñosa

Estoy donde debiera estar… contemplando la hermosura del creador…
Escuchando aquella canción en portugués
Con mi concierto en mi cuello… ese que delata mi soledad llena de dolor

Observo al firmamento
Serenamente
Y quizás cuando se está ni siquiera lo sospecha

FIRMAMENT

It has always been here
With its splendid highway of stars
With its immense perfection that darkens the most shimmery gold
It is a mirror that inspires me with its grandeur.

I see it.
I see it but not like that astrologer who observes it out of obligation
I see it but not like that philosopher who tries to decipher the inexplicable
I see it but not like that devotee who wants to reduce the days so he can be there.

I see it.
But I see it with humility. Like the simplest of men
I contemplate it on one of those clear and serene nights...
On one of those nights full of solitude
That greets the evening newscaster and the endearing moon

I am where I should be... contemplating the beauty of the creator...
Listening to that song in Portuguese
With my concert on my neck... that one that denounces my pain filled solitude

I observe the firmament
Serenely
And perhaps when I'm here she doesn't even notice it.

Firmamento

Sempre esteve lá
Com sua esplêndida estrada de estrelas
Com sua vasta perfeição que ofusca o ouro mais resplandecente,
É um espelho que me inspira com a sua grandeza.

Vejo-o.
Vejo-o mas não como aquele astrólogo que o observa por obrigação.
Vejo-o mas não como aquele filósofo que tenta explicar o inexplicável
Vejo-o mas não como aquele religioso que quer encurtar os dias para estar lá.

Vejo-o.
Mas não com humildade. Como o mais simples dos homens Contemplo-o numa dessas noites claras e serenas...
Numa dessas noites cheias de solidão
Dando boa noite à repórter e à lua carinhosa

Estou onde deveria estar... contemplando a perfeição do criador...
Ouvindo aquela canção em português
Com meu concerto no pescoço... esse que entrega mina solidão cheia de dor

Observo o firmamento
Sossegadamente
E talvez quando esteja nem sequer suspeite

FIRMAMENTO

Sempre è stato lì
Con la sua splendida strada di stelle
Con la sua immense perfezione che opacizza l'oro più lucente,
È uno specchio che mi ispira con la sua grandezza.

Lo vedo.
Lo vedo ma non come quell'astrologo che lo osserva per obbligo
Lo vedo ma non come quell filosofo che prova a decifrare l'inspiegabile
Lo vedo ma non come quell religioso che vuole accorciare I giorni per stare là.

Lo vedo.
Ma lo vedo con umiltà. Come il più semplice degli uomini
Lo osservo in una di queste notti chiare e serene...
In una di queste notti piene di solitudine
Dando la buona notte alla conduttrice del notiziario e alla tenera luna

Sono dove dovrei stare... osservando la bellezza del creatore...
Ascoltando quella canzone in portoghese
Con il mio concerto nel collo...questo che rivela la mia solitudine piena di dolore

Osservo il firmamento
Serenamente
E forse quando nemmeno si sospetta

SAUDADE

Y desperté contigo
Tú, una mujer tan bella y pura
Una mujer tan casta y santa
Una mujer que hasta hoy nunca había visto
Una mujer de verdad, una mujer real

En aquella mañana de los acontecimientos
En la frescura dominical bajo aquel apacible sol
Desperté y pensé tenerte a mi lado
Y al ver que solo estuviste en mis sueños
En mi mente se reflejó tal turbación y confusión que no tenía límites.

No sé cuánto tiempo estuve deambulando sin ti
No sé si acaso logré tener un lugar a donde ir
Y encontrarte de nuevo.
No. No lo sé… es más, ni siquiera lo recuerdo…
Solo recuerdo que al despertar y no verte junto a mí caminé sin rumbo ni sentido.

Ya habían pasado muchas horas,
Y en mi deambular miré el reloj y percibí que oscurecía,
La diosa de la noche iluminó mis pasos
Y quise seguir buscándote mas ella me dijo que tú ya no estabas allí.

La miré y le pregunté dónde te podría encontrar
Me miró y me respondió
con insólita manera de una madre regañando a su hijo:
"No tienes que buscarla nunca más;
solo debes encontrarla en cada sonrisa,
en cada mirada o en cada gesto de amor"
En el frío calor de la noche, no comprendí lo que ella dijo.
Ni siquiera supe qué contestar…era algo inevitable,

en mi estómago existía
aquella sensación de vacío por las mariposas
que allí solían habitar y ya no están más...
ya no más...

Saudade.

Con admiración te contemplé
y con tu silencio pude entender lo que mil palabras
no pudieron explicar.

SAUDADE

And I woke up with you
You, a woman so lovely and pure
A woman so chaste and saintly
A woman that until today had never been seen

In that morning of happenings
In the Sunday splendor underneath that placid sun
I woke up and thought I had you by my side
And upon seeing that I only had you in my dreams
In my mind this bewilderment was reflected and confusion
was limitless.

I don't know how long I was wandering without you
I don't know if maybe I managed to have a place to go to
And find you anew.
No. I don't know... what's more, I don't even remember it...
I just remember that upon waking and not seeing you next to
me I walked aimlessly without reason.

Now many hours have passed
And in my wandering I watched the clock and perceived that it was darkening,
The goddess of the night illuminated my steps
And I wanted to keep looking for you but she told me that you were no longer there.

I looked at her and I asked her where I could find you
She watched me and responded
with the inexplicable style of a mother scolding her son:
"You don't have to look for her anymore;
only should you find her in every smile,
in each look or in each gesture of love"
In the frigid heat of night, I didn't comprehend what she said.
I didn't even know how to respond... it was something inevitable,
in my stomach there was
the sensation of emptiness for the butterflies
that used to live there but now are gone...
no more now...

Saudade.

With admiration I contemplated you
And with your silence I was able to understand what a thousand words
could never explain.

SAUDADE

E acordei contigo
Tu, uma mulher tão bela e pura
Uma mulher tão virginal e santa

Uma mulher que até hoje nunca tinha visto
Uma mulher de verdade, uma mulher real

Naquela manhã dos acontecimentos
Na frescura dominical debaixo daquele sol agradável
Acordei e pensei que te ter ao meu lado
E ver que só estiveste nos meus sonhos
Na minha mente se refletiu tamanha aflição e confusão que não tinha limite.

Não sei quanto tempo estive perambulando sem ti
Não sei se por acaso consegui ter um lugar para onde ir
E te encontrar de novo.
Não. Não sei... e mais, nem sequer me lembro...
Só lembro que ao acordar e não te ver junto a mim andei sem rumo e sem razão.

Já tinham passado muitas horas,
E em minhas andanças eu olhei o relógio e percebi que escurecia,
A deusa da noite iluminou meus passos
E quis continuar procurando por ti mas ela me disse que já não estavas ali.

Olhei-a e perguntei onde podia te encontrar
Ela me olhou e respondeu
de modo estranho assim como uma mãe quando repreende seu filho:
"Não tens que procurá-la nunca mais;
só deves encontrá-la em cada sorriso,
em cada olhar ou em cada gesto de amor"
No frio quente da noite, não entendi o que ela tinha dito.
Nem sequer soube responder... era algo inevitável,
no meu estômago existia
aquela sensação de vazio pelas borboletas
que ali costumavam habitar e já não estão
mais...

Saudade.

Com admiração te contemplei
e com o teu silêncio pude entender o que mil palavras
não puderam explicar.

SAUDADE

E mi svegliai con te
Tu, una donna così bella e pura
Una donna così casta e santa
Una donna che fino ad oggi mai avevo visto
Una donna vera, una donna reale

Quella mattina dei fatti
Nella frescura domenicale sotto quel mite sole
Mi svegliai e pensai di averti al mio lato
E accorgendomi che solo stavi nei miei sogni
Nella mia mente si rispecchiò così tanto turbamento e confusione da non aver limiti.

Non so quanto tempo stetti a passeggiare senza te
Non so se per caso riuscii a sapere dove andare
Per incontrarti di nuovo.
No. Non lo so...in più, nemmeno lo ricordo...
Ricordo solo che al mio risveglio e al non vederti al mio fianco
camminai senza rotta né senso.

Erano già passate molte ore,
e nel mio passeggio guardai l'orologio e percepii che stava facendo buio,
la dea della notte illuminò i miei passi
e volli continuare a cercarti ma lei mi disse che tu non eri più lì.

La guardai e le chiesi dove avrei potuto trovarti
Mi guardò e mi rispose
Con l'insolito modo di una madre arrabbiata con suo figlio:
"non devi cercarla mai più;
solo devi trovarla in ogni sorriso,
in ogni sguardo o in ogni gesto d'amore"
nel freddo calore della notte, non compresi ciò che ella mi disse.
E neppure seppi cosa risponderle…era qualcosa di inevitabile,
nel mio stomaco vi era
quella sensazione di vuoto a causa delle farfalle
che di solito lì giacevano e ora non vi erano più…
non più…

Saudade.

Con ammirazione ti contemplai
E con il tuo silenzio capii ciò che mille parole
Non poterono spiegare.

H_2O | *Aguacero - Downpour - Carga d'água - Acquazzone*

No sé

Cae la lluvia
Calla el viento
La Diana se esconde
La noche me traiciona

Me pregunto dónde estás
Mi amada amante
Amarte quisiera o al menos escuchar tu dulce voz

Aún sin querer
Y me inunda la nostalgia
No puedo resignarme a no pensar en ti
Es algo tan natural en estos días

Pensar
Que bajo la lluvia nos complicamos tanto hasta el extremo
Desatando una guerra
En mi interior
Una tempestad en mi cabeza.

I Don't Know

The rain falls
The wind hushes
The goddess moon hides
The night betrays me

I ask myself where you are
My loving lover
I want to at least hear your sweet voice

Still without intending to
Nostalgia inundates me
I cannot resign myself to not think of you
It is something so natural these days

Thinking
That under the rain we complicated our lives
Provoking a war
In my insides
A tempest in my head.

Não sei

A chuva cai
Cala o vento
A Diana se esconde
A noite me trai

Pergunto onde estás
Minha amada amante
Queria te amar ou pelo menos ouvir tua doce voz

Mesmo sem querer
Me enche de saudade
Não posso deixar de não pensar em ti
É algo tão natural nestes dias

Pensar
Que debaixo da chuva
Você e eu nos complicamos até o fim
Provocando uma guerra
No meu interior
Uma tempestade na minha cabeça.

NON SO

Cade la pioggia
Si ferma il vento
La Diana si nasconde
La notte mi tradisce

Mi chiedo dove sei
Mia amata amante
Amarti vorrei o almeno ascoltare la tua dolce voce

Persino senza amare
E mi inonda la nostalgia
Non posso rassegnarmi al non pensarti
È qualcosa di tanto naturale in questi giorni

Pensare
Che sotto la pioggia ci uniamo tanto fino all'estremo
Provocando una guerra
Dentro di me
Una tempesta nella mia mente.

La tarde ya pasó

El sol reflejaba
En sus dulces ojos
Los cabellos de ella que
Formaban caracoles
Cayendo
En algún
Jardín
Colgante.

Afternoon Has Passed

The sun reflected
In her sweet eyes
Her hairs
Falling
Like a curly willow
In some
Hanging
Garden.

A TARDE JÁ ACABOU

O sol refletia
Nos seus olhos doces
Os cabelos dela que
Formavam cachos
Caindo
Em algum
Jardim
Suspenso.

LA SERA GIÀ FINÌ.

Il sole rifletteva
Nei suoi dolci occhi
I capelli di lei che
Formavano chiocciole
Cadendo
In qualche
Giardino
Pendente.

La brusquita

La ávida brusquita
Me abrazaba con su lengua, sin tregua

Desconcertado intenté hablarle
Pero apretaba más fuerte, sin descanso

Quise abandonar el bote
Pero me ahogaba en su mar, sin ton ni son

Mi sufrimiento danzaba
Ante el polvo de la nostálgica alegría que me retenía.

Hard Lemonade

She was avid and had lived the life
She embraced me with her tongue, without respite

Baffled I tried talking to her
But she pressed stronger, relentlessly

I wanted to leave the boat
But I was drowning in her sea without rhyme or reason

My suffering danced
Before the dust of the nostalgic joy that was holding me back

IMORAL

A menina ávida
Segurava-me com sua língua, sem tregua

Desconcertado tentava conversar
Mas ela apertou mais forte, implacavelmente

Eu queria sair do barco
Mas eu estava me afogando em seu mar, sem rima ou razão

Meu sofrimento dançou
Diante do pó da alegria nostálgica que estava me segurando.

LA BURBERA

L'avida burbera
Mi abbracciava con la sua lingua, senza tregua

Sconcertato provai a parlarle
Però stringeva così forte, senza stancarsi

Volli abbandonar la barca
Ma mi affogava nel suo mare, senza capo né coda

La mia sofferenza danzava
Davanti alla polvere della nostalgica allegria che mi tratteneva.

Eliza, la brusquita

A tu lado, amada amante
Soy el profesor Higgings y tú la *flowergirl*
Maldices hasta el más bello intento de caricia
Que escondida en mis sábanas te susurro en tu cuello
Y me confiesas sin descaro que fumas tormentas
y algo verde que no es albahaca.

Hay algo en ti que me cautiva y me hace desearte
No son tus firmes pechos que salvajemente
Se restriegan una y otra vez contra mi cuerpo que al mismo tiempo
Se dibuja y se desdibuja tan bien junto al tuyo
No es tu melena de miel que se agita en la almohada
No son tus piernas de gacela en las planicies de Mongolia
Ni tus ojos que se penetran en los míos
Como dos dulces almendras que están por caer

Quizás sea tu silencio buscando la estela que deja la paz
Quizás sea tu cuello prohibido que hermosea tentación
O tu lengua que abraza a la mía con suspiros
O tus labios que le han robado el brillo a la seda

Extraño tu aliento y tus suspiros atropellados en mi oído
Me afano para que escuches mis silencios
Me hago un nudo para que no sepas que al verte tiemblo,
Naufrago lentamente y se me olvida todo
como aquel chiquillo de quince años que se ilusiona con tanta angustia

Eres,
La bella florista que desea ser amada
Eres la chica que ignora todo pero que todo quiere conocerlo
Eres la brusquita aquella queriendo sacudirse esas cuatro letras

Eres la más bella criatura que se emborracha porque es su religión
Eres el más ferviente deseo que anhela el profesor Higgings.

ELIZA LOOSE

By your side, dear lover
I am Professor Higgins and you the flowergirl
You curse the most beautiful attempts of caress
You hide in my sheets while I whisper in your neck
And you confess to me that you smoke storms
and something that is not green basil

There is something in you that captivates me and makes me want you
It's not your firm breasts that savagely
Rub again and again against my body that, at the same time, draws and fades with yours as one
It's not your mane of honey stirred on the pillow
It's not your gazelle legs on the plains of Mongolia
It's not your eyes that penetrate into mine
Like two sweet almonds that are about to fall

Perhaps it's your silence looking for the wake of peace
Perhaps it's your neck that beautifies a forbidden temptation
Or your tongue hugging my sighs
Or your lips that have stolen the shine of the silk

I miss your breath and your tempestuous sighs in my ear
I try too hard for you to hear my silences
I hide my feelings so that you aren't able to see me tremble,

I drown slowly and I forget everything
like that 15 year old boy who deludes himself with such anguish

You are,
The beautiful florist wanting to be loved
You're the girl who ignores everything but everything wants to know
You're the one that fine girl wanting to shake off those four letters
You're the most beautiful creature who gets drunk because it is your religion
You are the most fervent desire that Professor Higgins cherishes.

Eliza Maluca

Ao teu lado, querida amante
Sou o Professor Higgins e você a flowergirl
Você maldice a mais bela tentativa de acariciar
Você escondida nas meus lençóis e eu te sussurro em teu pescoço
E você me confessa, sem descaro que fuma tempestades
e algo verde que não é manjericão

Há algo em você que me cativa e me faz te desejar
Não são teus seios firmes que selvagenmente
Se esfregam uma e outra vez contra o meu corpo, que ao mesmo tempo
Inspira-se e desaparece, tao bem junto ao teu
Não é o seu mane de mel agitada no travesseiro

H_2O | *Aguacero – Downpour – Carga d'água – Acquazzone*

Não são as pernas de gazela nas planícies da Mongólia
Nem os olhos que penetram nos meus
Como dois doces amêndoas que estão caindo

Talvez o seu silêncio olhando a esteira que traz a paz
Talvez o seu pescoço que embeleza a tentação proibida
Ou sua língua abraçando meus suspiros
Ou seus lábios que roubaram brilho à seda

Eu sinto falta de sua respiração e seus suspiros atropelados no meu ouvido
Eu luto atentamente para voce ouvir os meus silêncios
Eu me faço um nó para que nao saibas que quando eu te vejo tremo,
Naufrago devagar e eu esqueço tudo
como aquele garoto de quinze anos, que tem uma ilusao com tanta angústia

Você é,
A bela florista que quer ser amada
Você é a menina que ignora tudo, mas que quer saber tudo
Você é maluca querendo arrancar essas quatro letras
Você é a criatura mais linda que fica bêbada porque é a sua religião
Você é o desejo mais ardente que anseia o Professor Higgins.

ELIZA L'INGORDA

Al tuo fianco, amata amante
Sono il professor Higgings e tu
La flowergirl
Maledici persino il più bell'intento

Di una carezza
Che nascosta tra le mie
lenzuola sussurro al tuo
collo
e mi confessi senza impudenza
che fumi ininterrottamente
e qualcosa di verde che non è
basilico.

C'è qualcosa in te che mi imprigiona
E che mi fa desiderare te
Non sono i tuoi fermi seni che
Selvaggiamente
Si strofinano una e un'altra volta
sul il mio corpo che allo
stesso tempo
si disegna e si cancella tanto
ben vicino al tuo
non è la tua chioma di miele che
si agita sul cuscino
non sono le sue gambe di gazzella
sui tavolieri della Mongolia
né i tuoi occhi che penetrano
nei miei
come due dolci mandorle
che stanno per cadere

chissà se è il tuo silenzio
cercando la scia che lascia
la pace
chissà se è il tuo collo
proibito che abbellisce
la tentazione
o la tua lingua che abbraccia la
mia con sospiri
o le tue labbra che sono state
rubate dalla brillantezza alla seta

H_2O | Aguacero – Downpour – Carga d'água – Acquazzone

mi manca il tuo alito e i tuoi
sospiri travolti nel mio
udito
mi affanno affinché ascolti
i miei silenzi
mi faccio un nodo affinché
tu non sappia che vedendoti tremo,
naufrago lentamente e dimentico
tutto
come quel ragazzino di
quindici anni che si illude
con tanta angoscia

Sei,
la bella fiorista che desidera
essere amata
sei la ragazza che ignora tutto
ma che tutto vuole
conoscere
sei l'ingorda quella
che vuole scuotere queste
quattro lettere
sei la più bella creatura
che si ubriaca perché
è la sua religione
sei il più fervido desiderio
che brama il professor
Higgings.

Pero cómo la quise

Me quiso
Como quien quiere a una planta pero que no se riega,
A un perico, o a un perro que nunca se saca a pasear

La quise
Como se quiere al primer peluche,
La primera rosa, el primer beso

La quise
No porque en la calle ella junto a mí
Agarrados de la mano hiciera ella que me viera mejor
Sino porque éramos nosotros un yin un yang
Un todo, un solo nombre, un solo pronombre, nosotros.

La quise
Quizás hasta la quise de más
Creyendo que me querría más que a su gato
Que su fogata ardería tanto como la mía
Y no ardió.

Pero aquí entre nos
Ahora se rumora que me quieren conquistar
Pues saben que aquí hay amor para dar
De ese mismo amor que te di yo a vos

Pero aquí entre nos
Te aseguro que no encontrarás jamás
A alguien que te quiera si quiera
La mitad de lo que te quise yo a vos.

OH HOW I LOVED HER

I loved her
As one who loves a plant but is never watered,
A parakeet, or a dog that is never taken for a walk

I loved her
The way one loves the first bear,
The first rose, the first kiss

I loved her
Not because down the streets beside me
Holding hands you made me look better
But because we were a yin a yang
A whole, one name, one pronoun: we.

I loved her
I loved her perhaps even too much
Believing that she would love me more than her cat
That her bonfire would burn as much as mine
And it did not burn.

But just between us
Now rumored has it that they want to conquer me
They know that here, there is love to give
From that same love that I gave to you

But just between us
I assure you that you will never ever find
Someone who can even love
Half of what I loved you.

Mas como eu a amei

Ela me quis
Como alguém que quer uma planta porém não é regada,
Um periquito, ou um cão que nunca se leva a caminhar

Eu a quis
Como quem quer ao primeiro ursinho de pelúcia,
A primeira rosa, o primeiro beijo

Eu a quis
Não porque na rua caminhando ao meu lado
De mãos dadas me fazia ela me ver melhor
Mas porque nós éramos um yin um yang
Um inteiro, um nome, um só pronome: nós.

Eu a quis
Talvez eu a amei demais
Eu acreditava que ia me querer mais do que o seu gato
Que a sua fogueira iria queimar tanto quanto a minha
E não queimou.

Mas aqui entre nós
Agora há rumores de que me querem conquistar
Pois sabem que aqui há amor para dar
Daquele mesmo amor que eu te dei

Mas aqui entre nós
Eu te garanto que você não vai encontrar sequer
Alguém que te queira, sequer
Nem a metade do que eu quis você.

H_2O | Aguacero – Downpour – Carga d'água – Acquazzone

MA QUANTO LA DESIDERAI

Mi desiderò
Come chi desidera una
Pianta ma una che non si innaffia,
a un pappagallo o a un cane che
non si porta mai a passeggio

La desiderai
Come si desidera il primo
Pupazzo,
la prima rosa, il primo
bacio

La desiderai
Non perché per strada lei
Vicino a me
Tenendoci per mano faceva
Sì che avessi un aspetto migliore
Ma perché eravamo noi
Un yin e un yang
Un tutto, un solo nome, un
Solo pronome, noi.

La desiderai
Forse la desiderai anche di più
Credendo che avrebbe desiderato me
Più che il suo gatto
Che il suo fuoco sarebbe arso tanto
Come il mio
E non arse.

Ma qui tra noi
Adesso si dice che mi
Vogliono conquistare
Poiché sanno che qui c'è

Amore da dare
Lo stesso amore che diedi
Io a te

Ma qui tra noi
Ti assicuro che non
Incontrerai mai più
Qualcuno che ti desideri
Almeno
La metà di quanto io desiderai
te.

ODA A ELIZABETH

Sus vocales tan sonoras
Sus consonantes ardientes
Me seducen, me inducen a seguir
Sus labios rojos con mi mirada inquisitiva
Su mirada, la suya, insolente y misteriosa
Sus pestañas aletean con la inexistente brisa

Y ahí, en un instante, ambos callamos
y nuestros ojos coinciden en el momento adecuado
Ella me sonríe con irresistible ternura
La observo y observo su rostro de diosa romana
Y teje en mí una sonrisa en el crepúsculo
Bajo la cómplice mirada de la luna

Su cabellera de ébano, atada porque sí
Deja caer un mechón a mi abismo
Su suave sutileza de musa o de diosa
Se derrama en el pasillo mientras
Se balanza en ese vestido azul
Que nos acerca más al cielo

Sus pechos, me imagino,
Y eso me queda nada más
Eso me queda en estas alturas.

ODE TO ELIZABETH

Her vocals so sonorous
Her ardent consonants
Seduce me, induce me to keep going

Her red lips crash with my inquisitive look
Her gaze, hers, insolent and mysterious
Her lashes flutter with the nonexistent breeze

And then, in an instant, we both remain silent
and our eyes coincide at the right time
She smiles at me with an irresistible tenderness
I observe her and watch her face of a Roman goddess
And she weaves in me a smile at twilight
Under the complicity of the moon

Her ebony hair tied just because
She drops a lock to my abyss
Her soft subtlety of muse or goddess
spills into the hallway as
She swings her hips in that blue dress
That brings us closer to heaven

Her breasts, I imagine,
And that is the only thing I'm left with
This is all I have in these heights.

ODE À ELIZABETH

Suas vogais tão fortes
Suas consoantes ardentes
Me seduzem, induzem-me a seguir
Seus lábios vermelhos com o meu olhar inquisitivo
Seu olhar, o seu, insolente e misterioso
Seus cílios batem com a brisa inexistente

E lá, em um instante, ambos em silêncio

H_2O | *Aguacero - Downpour - Carga d'água - Acquazzone*

e nossos olhos se encontram no momento certo
Ela sorri para mim com uma ternura irresistívelI
A observo e enxergo seu rosto de deusa romana
E desenha em mim um sorriso no crepúsculo
Sob a cumplicidade da lua

Seu cabelo de ébano, atado porque sim
Solta uma mecha ao meu abismo
Sua suave sutileza de musa ou deusa
Verte-se no corredor enquanto
Se balança nesse vestido azul
Esse que nos leva mais perto do céu

Seus seios, imagino,
E fico com isso nada mais
Isso deixou-me nestas alturas.

ODE A ELIZABETH

Le sue vocali tanto sonore
Le sue consonanti ardenti
Mi seducono, mi inducono a
Seguire
Le sue labbra rosse con il mio
Sguardo inquisitore
Il suo sguardo, il suo, insolente
E misterioso
Le sue ciglia aleggiano con la
Inesistente brezza

E lì, in un istante, entrambi
Tacciamo

E i nostri occhi si incrociano nel
Momento adatto
Lei mi sorride con irresistibile
Tenerezza

La osservo e osservo il suo
Viso di dea romana
E tesse in me un sorriso nel
Crepuscolo
Sotto il complice sguardo della luna

La sua capigliatura di ebano, legata
Affinchè
Lasci cadere un ciuffo nel mio
Abisso
La sua soave finezza di musa o
Di dea
Si versa nel corridoio
Mentre
oscilla in questo vestito
azzurro
che ci avvicina di più al cielo

i suoi seni, immagino,
e questo non mi lascia nulla più
questo mi lascia in questi
cieli

AGUACERO

Te devuelvo aquí
Todos tus recuerdos
Los cantos del coquí
Los besos en el teatro
Los pecados de Caricatura
Los quiosquitos de Piñones
Los paparazzi de San Miguel
Las calles empedradas de Lisboa
La lujuria en las costas del Pacífico
Y hasta el fantasma del padre de Hamlet.

Te libero de mí,
De ti, de ti no pido nada
Aunque te hayas ya llevado todo.

DOWNPOUR

I return here
All of your memories
The songs of the coquí
The kisses in the theater
The sins at Caricature
The kiosks in Piñones
The paparazzi in San Miguel
The cobbled streets of Lisbon
The lusts in the Pacific shores
And even the ghost of Hamlet's father.

I release you from me,
Of you, of you I do not ask anything
Even if you've already taken everything.

Carga d'água

Eu te devolvo aqui
Todas as suas lembranças
As canções do coqui
Os beijos no teatro
Os pecados de Caricatura
A comida de Piñones
Os paparazzi em San Miguel
As ruas de calçada em Lisboa
A luxúria nas águas do Pacífico
E até mesmo o fantasma do pai de Hamlet.

Eu libero você de mim,
De você, de você não peço nada
Apesar de já tiver levado tudo.

Acquazzone

Ti restituisco qui
Tutti i tuoi ricordi
I canti della rana notturna

H₂0 | Aguacero - Downpour - Carga d'água - Acquazzone

I baci nel teatro
I peccati di Caricatura
I chioschetti di Piñones
I paparazzi di San Miguel
Le strade lastricate di
Lisbona
La lussuria negli hotel del
Pacifico
E persino il fantasma del padre
Di Hamlet.

Ti libero da me,
da te, da te non voglio nulla
nonostante ti abbia già tolto
tutto.

Trópico, técnica óleo sobre cartoncillo, por Gothy López

www.ingramcontent.com/pod-product-compliance
Lightning Source LLC
Chambersburg PA
CBHW022006160426
43197CB00007B/293